내가 가지 않으면 아무도 가지 않는다

내가
가지 않으면

이시온

아무도
가지 않는다

규장

이제는 더 사랑할 수 있을 것 같습니다

오랜 우기가 멈추고
먼지바람이 온통 땅을 덮는
건기가 시작되었습니다.
문만 열면 밀려오는 먼지바람에
때로는 눈을 뜰 수가 없을 정도입니다.

비가 쉼 없이 내리는 우기에는
먼지바람이 있어도 마른 땅이 그리웠지만
정작 마른 땅이 찾아오니
이제는 땅을 촉촉이 적시는 비가 그립습니다.

사람 마음이 그런가 봅니다.

있을 때는 불편했는데, 시간이 지나면
그게 더 좋았다고 느끼는 때를 맞이하고
그때를 그리워하며 지금의 시간이
빠르게 지나가기를 바라게 됩니다.

그러나 그때도, 지금도
이 시간은 내가 만든 게 아니고
내게 주신 '하나님의 시간'입니다.
그걸 알게 된다면 그때도, 지금도
소중한 시간이 될 거라고 믿습니다.

이제는 이 땅에서의 고립감과 외로움을
고독과 불안함으로 받아들이지 않습니다.
이 시간이 지나고 다른 환경이 주어졌을 때,
이 시간을 주신 주님을
더 찬양하게 될 날이 올 것입니다.

지금은 고독하고, 불안하고,
앞이 보이지 않는 길을 가는 것 같지만
이 길도 주께서 허락하신 길이기 때문입니다.

전쟁과 테러의 나라에서 보낸
그 암울하고 두려웠던 시간을 생각해 봅니다.
처절한 하루하루를 보내며
'내일이 올 수 있을까' 하는 공포감이
매일 밤 엄습했지요.

하지만 막연했던 내일은 계속 주어졌고
밀려드는 공포감은 내 심장을 더욱 고동치게 했으며
약하디약한 나를 힘 있게 일으켜 세웠습니다.
내 속에 계신 이가 나를 살아가게 하셨지요.

주께서 나를 다시 그 오래전,
내가 사랑한 사람들에게 돌아가게 하신다면
나는 주저 없이 달려가고 싶습니다.
이제는 그 영혼들을
더 사랑할 수 있을 것 같습니다.
지금 생각하니, 저는 너무 어리석고,
모든 게 서툴렀습니다.
내게 주신 양들을 마음껏
사랑하고 아끼지 못했습니다.

양을 안아주어야 할 때
나는 그들의 눈을 피해 멀리 서 있었고,
양을 먹여야 할 때
도리어 내 입을 먼저 채웠습니다.

도적 떼가 양을 잡아가려 할 때
내 몸을 숨기기 바빴고,
오랜 시간이 지나서야
양이 없어진 걸 알았습니다.
양이 고통을 호소할 때
나는 내 아픈 것만 생각했습니다.
가난과 배고픔의 시간에
빵 한 쪽 나누지 못했습니다.

그런 내 양들이 오랜 시간이 지나도
내게 연락을 해 옵니다.
그때가 그리운가 봅니다.
나는 아무것도 해준 게 없는데,
내 양들은 나를 기억해 줍니다.

지금 나는 이 땅에서
다른 양들을 돌보고 있습니다.
땅도, 사람도 다르지만
똑같이 길 잃은 양들입니다.

훗날 나는
같은 후회를 하지 않으려 합니다.
주께서 내게 허락하신 양들과 함께할 시간이
그리 오래 남지 않았습니다.

마음껏 사랑하고, 마음껏 아끼고,
마음껏 기다리고, 마음껏 베풀고,
마음껏 희생하려 합니다.

그러나 나의 목자이신
주님의 사랑에 비하면 아무것도 아니지요.

사랑이, 사랑이,
오직 사랑만이 답입니다.

에필로그

Part 1

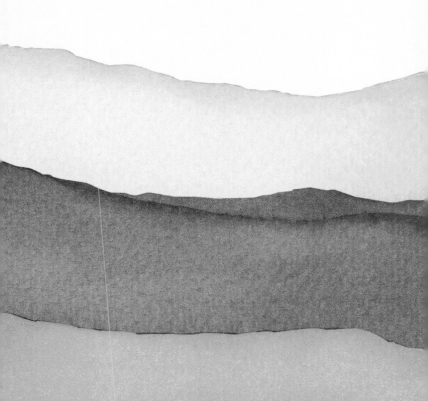

또 다른 고통의 땅으로

죽음을 이기는 전쟁

내 속에서 일어나는
끊이지 않는 전쟁.
수없이 싸워 왔지만,
여전히 또 싸우는 것이 이 전쟁이다.

나를 이기지 못하면 아무도 이길 수 없다.

칠 년간 수많은 전쟁을 치르면서
단 한 번도 패하지 않은 장군이 있다.

임진왜란, 왜군의 공격으로 조선의 운명이
꺼져가는 등불처럼 스러져 가고 있을 때,
조선 끝자락 해안에는 이 민족을
자기 목숨보다 더 소중히 생각한 이가 있었다.

내가 가지 않으면 아무도 가지 않는다

"아직 신에게는 열두 척의 배가 있습니다"

(今臣戰船 尙有十二).

거기에 버려진 판옥선 한 척까지 총 열세 척.
잘 정비된 왜선 수백 척이 밀려 들어오는데
고작 판옥선 열세 척으로 무얼 할 수 있단 말인가!
죽이고 빼앗고 약탈하는 전쟁 한가운데에 있던
이순신 장군의 전쟁은
역사상 전무후무한 해전으로 남았다.

'열세 척의 배와 두려워 떠는 군사들을 데리고
어떻게 전쟁에서 이겼을까?'

내가 정말 알고 싶은 것이다.
이순신 장군의 삶을 다룬 책에
다음과 같은 일화가 소개된다.

결전을 앞둔 어느 날, 이순신 장군이
그의 아들과 침묵의 식사를 하고 있었다.
오랜 적막을 깨고 아들이 아버지께 물었다.

"아버지, 두려움에 떠는 군사들을 데리고
어떻게 전쟁을 할 수 있습니까?"

이윽고 아버지가 입을 열었다.

"두려움을 용기로 바꿀 수 있다면
그 사람이 가진 것 이상의
용맹을 바랄 수 있다."

두려움을 용기로.
그게 어떻게 가능한지 아들이 묻자
아버지가 대답했다.

"내가 죽으면 된다. 내가 죽으면
그들의 두려움은 용기로 바뀐다."

이 말에 내 모든 궁금증이 해소되었다.
장군은 살려고 전쟁하지 않았다.
죽으려고 전쟁했다.

자기 목숨을 얻는 자는 잃을 것이요

나를 위하여 자기 목숨을 잃는 자는 얻으리라

마 10:39

우리가 잘 아는 예수님의 말씀이다.

죽기를 각오하고 전쟁에 임한 자,

뒤로 물러가 구경하지 않은 자,

왜군의 침략으로부터 조선을 지켜낸 자는

두려움을 용기로 바꾼 자들이다.

죽기 위해 전쟁한 자의 어깨에는 사랑하는 가족보다

그의 민족, 조선의 백성이 있었다.

자신의 패배가 조선의 패배로 이어진다는

경고 어린 심장의 소리가

한 장군으로 하여금

한 나라를 살리게 했다.

장군은 군사들을 앞서 보내고

후방에서 지휘하지 않았다.

늘 선두에서 빗발치는 왜군의 총탄을
가장 먼저 막아냈다.
군사들이 공포와 두려움으로 주춤할 때,
장군이 탄 배는 죽음의 적진으로 돌격했다.
그는 죽음 앞에서 물러서지 않았다.
'죽음을 이긴 전쟁'이었다.

"나의 죽음이 내 군사들의 두려움을
용기로 바꿀 수 있다."

살기 위한 전쟁이 아니라 죽기 위한 전쟁.
하나님은 당신의 아들 예수를 이 땅에 보내셔서
죽음으로 뜻을 이루셨다.

한 민족을 살리기 위한 한 사람의 죽음이 아닌
온 인류를 살리기 위해 죽어야만 했던 분,
제자들이 두려워 벌벌 떨며
당신을 버리고 뿔뿔이 도망쳤을 때
그들의 두려움을 믿음의 용기로 바꾸신 분,
바로 예수님이시다.

내가 가지 않으면 아무도 가지 않는다

베드로가 힘 있게 말하되

내가 주와 함께 죽을지언정

주를 부인하지 않겠나이다 하고

모든 제자도 이와 같이 말하니라

막 14:31

"내가 주와 함께 죽을지언정."

불과 몇 시간 전,
'예수님과 함께 죽겠노라' 고백한
베드로와 제자들은
십자가 앞에 서신 예수님에게서
비겁하게 도망쳤다.

사람이 그렇다.
환경과 상황 앞에 늘 마음이 바뀐다.
우리 안에 있는 마음은 늘 우리를
편리하고 이익이 있는 쪽으로 이끈다.
의리도 정의도 최소한의 양심도,
이 마음을 이기지 못한다.

내가 그 자리에 있었다면 나는 어땠을까?
나는 매일 베드로의 고백을 하고 있다.

"주님과 함께 땅끝까지 가겠습니다.
제가 죽을지언정 주님을 떠나지 않겠습니다."

하지만 어떤 상황이 발생하면,
이 고백은 언제 그랬냐는 듯 내 등 뒤로 숨고
당장 눈앞의 이익에 눈이 멀어버리고 만다.
나도 베드로처럼 결정적인 순간에
주께 등 돌릴 수 있는 사람이다.
이것이 두렵다.
그런데, 예수님이 이 모든 것을 알고 계셨다.

내가 가는 곳에
네가 지금은 따라올 수 없으나
후에는 따라오리라

요 13:36

예수님이 어린양으로 오셔서 십자가에서

그분의 몸을 우리에게 다 쏟아부어 주셨지만,
제자들에게는 아무 일도 일어나지 않았다.
그러나 "후에는", 곧
"내가 부활의 능력을 보인 후에는
네가 나를 따라오리라" 말씀하셨다.
이것이 부활의 능력이다.
부활은 예수님이 하나님이심을 증거하는
가장 위대한 역사다. 이를 간과하면
복음의 가장 큰 핵심을 잃어버리게 된다.

제자들은 부활하신 예수님을 만나고 난 후에야
진정한 제자로, 하나님의 군사로 변모했다.
삼 년간 제자 껍데기로 살던 그들의 마음에
드디어 하나님이신 예수님이 들어오셨다.
전쟁은 아무나 할 수 없다.
훈련되고 준비된 사람들만 참여할 수 있다.
예수님도 제자들을 훈련하고 준비시키셨다.
이들의 연약함도, 다가올 미래의 일도 아셨다.
그래서 그들을 하나님의 군사요, 사도로 세우기 위해
예수님의 부활로 마침표를 찍으셨다.

그분의 부활을 만난 모든 사람은
이 치열한 전쟁에 자기 몸을 기꺼이 내던졌다.
그리고 장렬하게 전사했다. 하지만 죽지 않았다.
오직 예수님의 부활에 참여할 뿐이었다.

내가 그리스도와 그 부활의 권능과

그 고난에 참여함을 알고자 하여

그의 죽으심을 본받아

어떻게 해서든지 죽은 자 가운데서

부활에 이르려 하노니

내가 이미 얻었다 함도 아니요

온전히 이루었다 함도 아니라

오직 내가 그리스도 예수께 잡힌 바 된

그것을 잡으려고 달려가노라

형제들아 나는 아직 내가

잡은 줄로 여기지 아니하고

오직 한 일 즉 뒤에 있는 것은 잊어버리고

앞에 있는 것을 잡으려고

푯대를 향하여 그리스도 예수 안에서

하나님이 위에서 부르신

　　　　내가 가지 않으면 아무도 가지 않는다

빌 3:10-14

존경하는 믿음의 선배,
손양원 목사님의 말씀이 떠오른다.
핍박과 고난의 길을 지나며 발발한 한국 전쟁의 때,
모두가 피난을 가야 한다고 할 때
손 목사님은 자신의 양 떼가 있는
여수 애양원에 남아 나환자들을 돌보기로 했다.
그리고 그런 그를 안타까워하는 이들을 향해서
이런 말씀을 하셨다.

"우리 기독교는 이 세상에서
잘 살기 위한 종교가 아니고,
잘 죽기 위한 종교입니다."

예수님이 죽음을 이기시고 부활하지 않으셨다면
우리는 이런 고백을 할 수 없다.
살기 위한 전쟁이 아니라 죽기 위한 전쟁.
전쟁은 이걸 아는 사람들이 하는 것이다.

진정한 승리

나의 전쟁은 무엇인가?

우리의 전쟁은 현재 진행형이다.
주님 앞에 갈 때까지 전쟁한다.

복음을 거부하는 사람들과
그들에게 복음이 되어야 하는
우리의 삶 자체가 전쟁이다.
믿음의 전쟁을 무서워한다면
우리는 전쟁 포로가 될 것이다.

이기기 위해 싸우지만,
죽기 위해 싸울 때, 진정 승리할 수 있다.
죽기까지 싸우는 전쟁이다.

내가 가지 않으면 아무도 가지 않는다

우리는 전쟁하는 사람들이다.

혈과 육의 전쟁이 아닌

어둠의 권세 잡은 자들과의 전쟁이다.

이순신 장군은 이길 수 없는 전쟁에서 승리했지만,

우리는 이미 이긴 전쟁을 할 뿐이다.

우리의 힘과 능력이 아닌

예수께서 죽으시고 부활하심으로

모든 사망 권세를 이기신 전쟁을.

사단은 지금도 자기 존재를 과시하고 있다.

예수를 모르는 자는 그의 권세에 잡혀 있다.

죄에 종노릇하며 살아가는 수많은 인생이

자기 영혼을 사망 권세에 뺏기고 있지만,

자기만 그 사실을 모른다.

이 세상에는 두 나라가 있다.

빛의 나라와 어둠의 나라.

빛을 본 자는 어둠에 거할 수 없다.

어둠을 사랑하는 건, 어둠의 주관자인

원수가 조종하는 죄를 사랑하는 것이다.

내가 있는 이 땅은
아직 복음을 받아들이지 않았다.
온갖 우상과 잡신, 문화와 철학, 귀신에게
사로잡혀 영원한 멸망의 길을 걷고 있다.

주께서 우리 가족을 적진 깊숙이 보내셨다.
사방을 둘러봐도 아군은 보이지 않는다.
함께 의논하고 전략을 준비할 사람도 없다.
하루하루가 믿음의 전쟁이다.
집도, 마을도, 산도 우상의 성전으로 가득하다.
어디를 가도, 누구를 만나도,
이들의 우상과 신이 그곳에 있다.

귀신으로 시작해서 귀신으로 끝나는 귀신의 나라.
집마다 방 하나는 자신이 섬기는 신에게 내주고
아침저녁으로 정성껏 제를 올린다.
그 신이 자신과 가정을 지키고
악귀를 쫓아준다고 믿는다.
그러면서도 여전히 불안과 공포에 떨며 살고 있다.

내가 가지 않으면 아무도 가지 않는다

이 민족이 언제 빛 되신 예수님을 만날지,
어떻게 하나님께 돌아올지는 모르지만
나는 그저 이 땅에서 전쟁을 이어가고 있다.

빛이 어둠에 비치면,
어둠은 물러가게 되어 있다.
어둠은 절대 빛을 이길 수 없다.
빛은 불멸한다.
그러나 빛이 스스로 소멸하면,
더 이상 빛으로 존재하지 못한다.
빛을 잃으면, 우리의 전쟁은 끝이다.

이 땅의 수많은 사람이
죽음의 그림자를 지니고 살아간다.
삶의 즐거움과 만족에만 가치를 두는 인생이
아직도 이 땅에 널려 있다.

우리는 어떤 사람들인가?

아무도 없는 그 자리에

해가 떨어지는 저녁만 되면
거리에는 정적이 흐른다.
멀리서 들려오는 개 짖는 소리 외에는
아무 소리도 들리지 않는다.

이곳은 전기가 없다.
근처 집들에서 발전기 소리가 들린다.
다행히 우리는 자동차 배터리를 사용해
방의 전등은 켤 수 있어서
어두운 방에서 생활하지 않아도 된다.

오늘도 긴 하루를 보냈다.
이 시간은 어김없이 찾아온다.
나는 습관처럼 공책을 꺼내 글을 쓴다.

내가 가지 않으면 아무도 가지 않는다

일기도 아니고, 소설도 아니고, 에세이도 아닌,
생각나는 대로, 마음 가는 대로 글을 쓰며
혼자만의 시간을 갖는다.

하고 싶은 이야기는 많지만,
말할 상대가 없다.
나누고 싶은 마음이 많은데,
들어줄 사람이 없다.
같은 곳을 보며 같은 생각을 하는 사람,
같이 울고 웃으며 같이 고민할 사람.

선교지는 다 이런 것인가!
너무 광활하고 메마르고 허전해서
때론 무섭고, 외롭고, 고독하다.

바울도 감옥에서 편지를 썼다.
그도 나와 같은 마음이었을까?
아닐 거다.
나는 바울에 비하면
편하고 쉬운 곳에서 살고 있다.

게다가 바울의 편지에는
그리스도의 흔적이 짙게 묻어 있다.
사람이 쓴 글이 아니다.
사람이 쓸 수 있는 글이 아니다.

이천 년이 지난 지금도 그의 글에는 생명이 흐른다.
이 생명은 수천 년 동안 진리가 되어
우리 삶을 이끌어 왔다.
성경 외에는 말할 수 없는 단어들이다.
순간의 감동이나 깨달음이 아닌,
영원한 말씀. 그 말씀이 글이다.

하루가 지나고 이틀이 지나도
그냥 앉아서 주절대듯 썼다.
아프가니스탄에서의 어느 날부터
나는 그렇게 혼자서 글을 쓰기 시작했다.
그 글이 《천 개의 심장》이라는 책이 되어
세상에 나오리라고는 상상도 못 했지만,
사람들이 그것을 읽게 되었다.

아무도 없다고 생각했는데
그 자리에 예수님이 함께 계셨다.
예수님이 그 캄캄한 독방에 홀로 있는
내 이야기를 들으시고
그 이야기에 공감하시고
당신의 이야기를 써 내려가셨다.

아무도 없다고 생각했는데….

두려움을 이기는 사랑

주를 사랑하고 싶습니다.
누구보다 나의 주를
더욱 사랑하고 싶습니다.

사랑을 받으며 살아왔지만
여전히 사랑이 무언지 잘 모르겠습니다.

잠깐 눈먼 것 같은 것이 사랑인지,
생각만 해도 가슴 뛰는 것이 사랑인지,
눈 감으면 떠오르는 것이 사랑인지….

이런 게 사랑이라면
이 사랑은 언젠가 차갑게 식을 겁니다.

마음이 차가워지기 시작하면
사랑을 잃어버리고 있다는 증거입니다.

사람을 사랑한다 해도
영원히 사랑할 수 없습니다.
그 사랑은 언젠가 찬 공기처럼
온몸을 차갑게 만들 겁니다.

우리는 이렇게 사랑을 해왔습니다.
잠깐 타올랐다가 금세 꺼지는 사랑.

그러나 예수님을 사랑하는 이들은 달랐습니다.
그들 속에는 세상 사람들이 알 수 없는
다른 사랑이 존재하고 있었습니다.

이 사랑은 이성을 향한 연인의 사랑도,
자녀를 향한 부모의 희생하는 사랑도 아닙니다.
이 세상에서는 볼 수도,
만날 수도 없는 사랑입니다.
이 사랑은 다릅니다.

너는 마음을 다하고

뜻을 다하고 힘을 다하여

네 하나님 여호와를 사랑하라

신 6:5

이것이 첫째 계명입니다.

'예수님을 사랑했던 사람들,

도대체 그들의 사랑은 어떤 사랑일까?

어떻게 하면 그 사랑을 흉내라도 낼 수 있을까?

내 종 갈렙은

그 마음이 그들과 달라서

나를 온전히 따랐은즉

민 14:24

그들은 달랐습니다. 마음이 달랐습니다.

그들의 마음은 우리와 달랐습니다.

언제나 주님께 간절했습니다.

주의 말씀 듣기를 사모했고,

내가 가지 않으면 아무도 가지 않는다

그 말씀을 전하지 않으면
가슴에서 불이 났습니다.

하나님을 떠난 백성들을 위해
창자가 끊어질 것처럼 애통하며 통곡했습니다.
백성들을 긍휼히 여기고 그들을 위해
무릎 꿇기를 마다하지 않았습니다.

주께서 말씀하시면
온 마음으로 그 말씀을 받았습니다.
고난과 환란이 기다리고 있음을 알고도
하나님의 말씀을 대언했습니다.
세상의 손가락질에도 요동하지 않았습니다.
그들의 마음은 가난했고, 순수했고, 청결했습니다.

그들은 가난한 사람들과 함께 가난해졌습니다.
마음이 상한 자들의 눈물을 이해했고
그 눈물에 자신의 눈물을 더했습니다.
거짓을 미워하고 불의와 타협하지 않았습니다.
세상의 이익과 세상에서 인정받을 기회에

마음을 빼앗기지 않았습니다.

그들은 마음이 달랐습니다.
거룩함을 생명처럼 여겼습니다.
자기 몸을 주께 거룩한 산 제사로
드리기를 기뻐했습니다.
가지 말아야 할 곳은 가지 않았고
만지지 말아야 할 건 만지지 않았습니다.
듣지 말아야 할 건 듣지 않았고
보지 말아야 할 건 보지 않았습니다.

마음이 더럽혀지고 물들까 봐
늘 주님 앞에 머무는 훈련을 했습니다.
오직 하나님 앞에서 마음을 지켰습니다.
그러기 위해 죽음도 택했습니다.

그들은 마음이 달랐습니다.
그들의 마음은 이미 주님의 것이었습니다.
마음이 다른 그들이 세상을 변화시켰습니다.

내가 가지 않으면 아무도 가지 않는다

주님을 사랑하는 사람이
잃어버린 영혼도 사랑할 수 있습니다.
달리고 또 달려도
그 사랑에 도달하지 못할까 봐 두렵습니다.

온 마음과 뜻과 힘을 다 드려서
오직 그리스도 한 분만 사랑하고 싶습니다.
내 몸의 모든 세포가 오직 한 분,
주님에게만 반응하면 좋겠습니다.
내 기쁨도, 즐거움도, 아픔도, 슬픔도 모두
그리스도를 사랑함으로 표현하고 싶습니다.

사랑은 죽음을 두려워하지 않습니다.
죽음을 이긴 사랑,
나도 그런 사랑을 하고 싶습니다.

아프간에서 남수단으로

오랜 시간 지낸 아프간에서의 삶을 정리하고
지금도 꿈에 나타나는 그들을 떠나,
내 발은 아프리카의 새로운 땅으로 향했다.

종족 전쟁의 아픔에서
좀처럼 헤어 나오지 못하는 나라,
아프리카 무슬림 국가의 특징 중 하나인
가난과 기근으로 고통받고 있는 나라,
북아프리카 수단에서 분리 독립한 남수단이었다.

아프간에서도 처음 몇 년은 전기와 물 없이 살았는데
이 나라 역시 발전기로 간신히 전기를 끌어다 쓰고,
물은 물탱크 트럭에서 사서 사용했다.
또 분리 독립한 지 얼마 되지 않은 국가라

　　　　　　　내가 가지 않으면 아무도 가지 않는다

정치, 경제, 치안 등 모든 것이 혼란스러운 상태였다.
각 종족의 유력자들은 처음 세워진 나라의
권력과 경제를 잡으려고 호시탐탐 기회를 엿보았다.
그래서 더더욱 종족과 종교 갈등이 끊이지 않았고,
안전에 대한 불안감이 늘 도사렸다.

나는 아프간에 있는 동안 떨어져 살았던
아내와 두 아이를 데리고 남수단에 들어왔다.
그런데 정착하기가 쉽지 않았다.
초등학교에 들어가야 하는 큰딸은
갈 만한 학교가 없어서 홈스쿨링을 하기로 했다
(둘째는 어려서 큰 문제가 없었다).
매일 낮 기온이 삼십 도가 넘어도
전기가 없어서 선풍기조차 틀 수 없었다.

게다가 수많은 풍토병이 우리를 기다렸다.
말라리아, 장티푸스, 장염, 댕기, 아메바….
한 번 걸리면 천국 문을 노크하고 온다고 할 만큼
고통스러워서 조심 또 조심하지만,
그래도 이 땅에 사는 한 피할 수는 없었다.

이곳 사람들의 가장 큰 사망 원인이
바로 이런 질병들이었다.
한 번 걸리면 건강한 사람도
쉽게 몸이 망가지고 급기야 사망에 이르렀다.
그러니 어린아이들은 말할 것도 없었다.
그래서 몸에 조금만 증상이 보여도
병원에 검사하러 가야 했다.

우리는 매일 수많은 사람이 질병으로 고통받고
죽는 것을 가까이서 보았다.
실제로 나와 아이들도 질병으로 여러 번 고생했다.
결국 아내와 아이들은
남수단에서 철수해야 하는 상황이 벌어졌다.

'긴 시간 헤어져 살았는데
또 이별해야 한다니….'

나는 잠시 혼란스러운 시간을 보냈다.

'가족과 헤어지면서까지 여기 계속 있어야만 하나?

내가 가지 않으면 아무도 가지 않는다

아니면, 같이 나가서 가족을 돌봐야 하나?'

아프간을 떠나온 이유 중 하나가
커가는 아이들과 함께하기 위함이었다.
그런데 남수단에서도 가족과 헤어져야 하는 현실이
너무나 야속했고 커다란 아픔으로 다가왔다.

수단은 아프리카에서도 매우 가난하고
정치적 불안이 극심한 국가다.
북아프리카 무슬림의 경제적, 정치적,
사회적 영향을 받는 무슬림 정권으로
내전을 감수하면서 근근이 살고 있다.
이런 수단에서 2011년, 남수단이 분리 독립했다.

하지만 내가 전문인(축구 코치) 선교사로
그 땅에 갔을 때,
남수단의 축구 선수들은
여전히 가난과 배고픔으로
비참한 환경에서 벗어나지 못하고 있었다.
그러면서도 축구를 통해 미래를 꿈꾸며

축구에 인생을 건, 축구가 전부인 사람들이었다.
그래서 나는 가족을 먼저 보내고
남수단에 남을 수밖에 없었다.

2002년, 처음 아프간에 들어갔을 때도
탈레반 정권에서 막 벗어나
새로운 국가를 세우는 시기였는데,
나는 남수단에도 수단에서 분리 독립하여
새로운 국가로 세워지는 시기에 들어갔다.
제2의 아프간을 보는 것처럼
국가만 다를 뿐 삶의 모습은 똑같았다.

아프간도 남수단도 온통 무법천지였다.
돈 많고 힘 있는 사람이 곧 법이었다.
그들은 상식과 질서를 파괴하며
자기 이익과 필요를 채우는 일이면
무엇이든 강행했다.
눈먼 돈을 차지하기 위해,
땅을 더 갖기 위해 피를 흘렸다.
어디나 그렇듯, 처음 국가를 세우는 곳엔

내가 가지 않으면 아무도 가지 않는다

종족 간 권력 싸움이 치열했다.

복음.
열방을 바라보면
복음이 없는 곳이 더 많고,
복음을 모르는 사람들이 더 많고,
복음과 상관없이 사는 사람들이 더 많다.

'어떻게 예수님을 전해야 하나?'

이것이 넘어야 할 산이었다.
그래서 마음먹은 게 있었다.

'선수들과 훈련하기 전에 꼭 기도하고 시작하자.'

선수들은 감독의 말을 거역할 수 없어서 수긍했다.
그래서 나는 매일 기도로 훈련을 시작했다.

"전능하신 하나님,
온 천하에 오직 한 분이신 하나님!

천지를 말씀으로 창조하시고,
그 말씀이 육신이 되어
이 땅에 사람의 몸으로 오신 주님!
우리에게 복음을 주시고,
그 복음으로 말미암아
구원의 은혜를 주셔서 감사합니다.

그러나 어둠을 사랑하는 이 땅의 사람들은
빛이신 예수님을 거절하고 죄와 사망을 택했습니다.
오랜 시간 가난과 기근, 전쟁과 갈등 속에 살아가는
이 민족을 긍휼히 여겨주십시오.

사랑하는 가족이 죽임을 당하고,
배고파 허덕이며, 소망을 잃은 채 살아갑니다.
어디로 가야 할지 모를 때
우리는 이 운동장에 모여서 기도합니다.

우리가 복음이 되고, 희망이 되고,
미래가 될 수 있도록 축복해 주십시오.
예수님의 이름으로 기도합니다. 아멘."

내가 가지 않으면 아무도 가지 않는다

어떤 선수는 눈을 감고 손을 모으고,
어떤 선수는 가만히 하늘을 올려다보고,
어떤 선수는 멀뚱멀뚱하게 서 있었다.
그러나 시간이 지날수록 그들은 진지해졌다.

아프간만큼 남수단도 산이 참 높았다.
올려다보기에 목이 아플 만큼.

하루하루가 너무 길었다.

진심이 이긴다

가난한 사람들과 함께
웃고 울고 고민하고 먹으며
국제 경기를 준비했다.

남수단은 불안한 치안 때문에
국제대회에서 홈 경기를 할 수 없었다.
국제 축구연맹은 우리에게
수단이나 인근 아프리카 국가에서
홈 경기를 하라고 통보했다.

억울하지만 할 수 없었다.
같은 이유로 자국에서
국제 경기를 치를 수 없는 건
이전에 아프간도 마찬가지였다.

그런데 시간이 흘러 역사적인 날이 찾아왔다.
2015년 5월, 드디어 처음으로
남수단에서 국제 경기를 치르게 되었다.
아프리카에서 가장 권위 있는 대회인
'아프리카 네이션스컵'에서
우리는 강호인 적도기니와 첫 경기를 했다.

분리 독립 이후, '남수단'이라는 국호로
처음 열린 국제 경기다 보니
경기장은 발 디딜 틈 없이 꽉 찼다.
앉는 자리는 물론 서서 볼 수 있는 공간까지
수많은 관중이 자리를 채웠다.

우리는 이 국제 경기를 오랫동안 준비했다.
하지만 아무리 홈 경기라 해도
세계 축구 랭킹 꼴찌에 가까운 남수단이
아프리카의 전통 강호를 이기는 건
거의 불가능했다.
그래도 국민에게 좋은 경기력을
보여줄 수 있는 것만으로 감사했다.

경기 당일 아침, 모든 선수와 미팅을 했다.
작전을 지시하고 마음을 집중시키는
중요한 시간이었다.
긴장한 선수들에게 이렇게 말해주었다.

"지난 오랜 세월 동안,
너희 가족과 친구 그리고 이 민족은
전쟁과 아픔, 가난과 기근 속에서 살아왔다.
여전히 우리는 이 환경에서 벗어나지 못하고 있다.
오늘 우리의 경기가
힘들고 고통받는 이 민족에게
기쁨과 웃음과 희망을 줄 수 있다.
자신을 위해 뛰지 말고, 가족과 친구,
이 땅의 수많은 사람을 위해 뛰어라.
오늘 운동장에서 죽는다는 생각으로 뛰어라.
이 경기를 지켜보는 많은 국민에게
웃음을 선사하자!"

그리고 우리는 경기장으로 나왔다.
처음으로 자국의 경기장에서

내가 가지 않으면 아무도 가지 않는다

남수단의 국가를 부르는 관중은
흥분을 감추지 못했다.
열렬한 환호가 쏟아졌다.

선수들은 달리고 또 달렸다.
부딪히고, 넘어지고, 일어나며, 치열하게 경기했다.
안쓰러울 정도로 최선을 다한 선수들은
결국 1 대 0 승리를 거뒀다!
이새의 막내아들 양치기 소년 다윗이
골리앗을 무너뜨린 순간이었다.

남수단 건국 이래,
처음 열린 국제 경기에서의 첫 승리!
경기장은 흥분과 기쁨의 도가니였다.
모든 관중이 경기장으로 내려와
선수들을 얼싸안고 울고 웃으며
승리의 희열을 만끽했다.
나를 목말 태우고 경기장을 돌기도 했다.

환성과 박수를 보내는 사람, 덩실덩실 춤추는 사람,

서로 부둥켜안고 엉엉 우는 사람, 노래하는 사람,
이렇게 즐거워하고 행복해하는 얼굴은 처음이었다.

세상을 다 가진 것처럼
그날만은 이곳이 천국이었다.
밤늦게까지 흥분이 가라앉지 않았다.
국민들은 대통령궁 앞으로 달려가
"남수단!"을 외쳤다.
나라 전체가 잠 못 드는 밤이었다.

이후 정부와 많은 곳에서 선수단을 초대해
음식을 대접하고 수고를 치하하며
승리를 축하했다.
선수들은 비로소 대접을 받았다.

훈련 비용이 없어서 끼니를 거르거나
훈련하며 마실 물이 없을 때도 많았다.
또 훈련장이 없어서
여기저기 옮겨 다녀야만 했다.
다쳐도 제대로 치료받지 못했고,

내가 가지 않으면 아무도 가지 않는다

지방에 사는 선수들은 차비가 없어
훈련에 참여하지 못하기 일쑤였다.

선수들에게 미안하고 또 미안했다.
그런 상황에서도
나를 믿고 따라와 준 선수들이
그저 고마울 따름이었다.
그날의 승리는 하나님이
나와 사랑하는 선수들에게 주신 선물이었다!

수많은 군중 속에서 주님을 찬양했다.

'가난하고 소외된 자와 함께하시는 분,
공의와 정의를 가르치고 나타내시는 분,
모든 영광을 받으실 오직 한 분, 하나님!'

Part 2

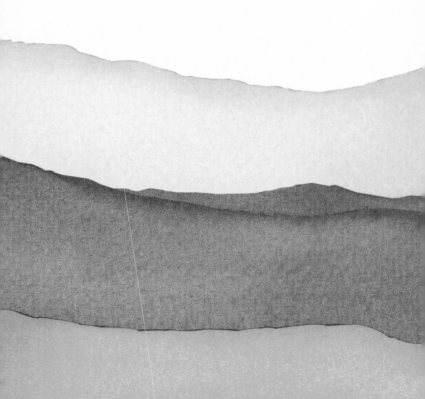

메마른 땅의 처음 교회

숨겨진 땅

그렇게 몇 년이 흘렀다.
남수단에서의 사역을 정리하고
떨어져 사는 가족 품으로 돌아왔다.

다음 사역지를 위해
아프리카 무슬림 국가들을 두고
기도하며 준비하던 때였다.

남수단에 있으면서
여러 아프리카 무슬림 국가를
방문할 기회가 있었다.
모두 복음과 주님의 교회가 필요했다.
그 나라들을 조사하고 기도하면서
하나님이 문을 열어주시길 기다렸다.

내가 가지 않으면 아무도 가지 않는다

어느 날, 한 분에게서 전화가 왔다.
부탄에 축구 감독이 필요한데, 갈 수 있냐고 물었다.
내 경력을 아는 분이
내가 필요한 곳이 있음을 알려준 거였다.

'부탄? 어디에 있는 나라지?'

흔히 듣는 나라 이름이 아니어서 한참을 생각했다.
지도에서 어느 지역에 있는지 확인한 후에야
이 나라를 알 수 있었다.

너무 작아서 자세히 찾아보지 않으면
찾기 힘든 나라,
도시 이름인지 나라 이름인지도
잘 구분되지 않는 생소한 나라.

전혀 예상하지 못한 나라의 이름을 듣고
처음에는 대수롭지 않게 생각했다.
그런데 이상하게, '부탄'이라는 두 글자가
머리에서 떠나질 않았다.

이름조차 생소한 그곳이 나를 부르는 듯
그 두 글자가 며칠을 머릿속에서 맴돌았다.

마침 내게 연락했던 분에게 다시 연락이 왔다.
그는 내가 가면 제일 좋을 것 같아 추천했다며
일주일 안에 결정해 줄 수 있는지 물었다.

'이렇게 중요한 결정을 일주일 안에 해달라고?'

조금 당황했지만 마음을 가다듬었다.
생각해 보니, 지금까지 한 번도
내가 가고 싶어서 간 땅은 없었다.
다음 갈 곳을 내가 계획하거나 준비한 적도 없었다.
그저 주께서 당신의 방법으로 나를 인도하셨고
그렇게 최전방으로 달려갔다.

머릿속이 복잡했다.
내가 생각하고 기도한 나라가 아닌
전혀 예상하지 않은 미지의 땅이
내가 섬겨야 할 다음 나라인지,

내가 가지 않으면 아무도 가지 않는다

내게 열어주신 하나님의 땅인지
일주일간 기도했다.

'하나님,
이 나라가 제가 가야 할 나라인지요?
한 번도 생각해 보지 않은 이 미지의 나라로
저를 보내시려는지요?
제게는 이 땅에 대한 정보도, 관심도 없습니다.
문화, 배경, 역사 아무것도 모릅니다.
이 나라 이름만 들었을 뿐입니다.
이 땅이 제가 가야 할 땅이 맞나요?
제가 어떻게 해야 할지 알려주십시오.'

주 앞에 한참을 머물며 기도했다.
갑자기 머릿속에 한 가지 생각이 떠올랐다.
나도 모르게 이렇게 기도하고 있었다.
미리 준비한 기도가 아니었다.

'주님, 이 나라에 대해서는
오직 저만 알고 있습니다.

아내도, 아이들도, 지인도,
주변 사람은 아무도 모릅니다.
만약 일주일 안에 누군가가 제게
이 땅을 소개하고 이 땅에 대해 말한다면,
제가 가야 할 나라인 줄 알고 순종하겠습니다.'

그동안 이런 기도를 해본 적이 없었다.
내가 전능하신 하나님을 시험하는 것 같아서였다.

긴장과 초조함으로 하루하루를 보냈다.
그런데 일주일이 다 가도록
아무 일도 일어나지 않았다.
누구도 내게 그 땅을 소개하거나 언급하지 않았다.
그도 그럴 것이 그 나라는
우리 입에 흔히 오르내리는 나라가 아니었다.
대부분이 이 국가 이름을 들어도
쉽게 떠오르지 않고 낯설 것이다.

막막한 하루하루를 보내던 중
일주일의 마지막 날인 주일에

내가 가지 않으면 아무도 가지 않는다

나는 한 교회에 초대받아 설교하러 갔다.

담임목사님과 인사를 나누고

목사님이 잠시 자리를 비운 사이,

내 눈에 책 한 권이 보였다.

교회에서 흔히 볼 수 있는 월간 신앙 잡지였다.

잡지를 펼쳐보니,

교계의 여러 소식이 실려 있었다.

나는 한 페이지 한 페이지를 읽어 내려갔다.

잡지 끝부분에 선교지 기도 제목이 소개되었다.

순간, 몸에 소름이 돋고 머리가 멍해졌다.

책자에 실린 그달의 선교지가

바로 나를 기다리는 그 땅, '부탄'이었다.

부탄의 선교지 소개와 기도 제목이

무려 세 쪽에 걸쳐 자세히 소개되어 있었다.

손이 떨리고 눈동자가 흔들렸다.

부탄에 관해 기록된 내용을

한 글자도 빠뜨리지 않고 다 읽고 나서야

내 마음에 잔잔한 평안이 임했다.

'주께서 나를 이곳으로 보내시는구나.'

내 안에 더 이상 어떤 의심이나 고민이 없었다.

'이제 가는 일만 남았구나.'

나는 아내에게 그간의 일을 나누었고,
우리는 함께 부탄에 들어갈 준비를 했다.

'이제 가족과 함께할 수 있겠구나.'

일은 빨리 진행되었다.
그런데 한 가지 문제가 생겼다.
부탄 외교부에서 나의 입국과 거주만 허락하고
가족은 함께 올 수 없다고 통보해 왔다.

알고 보니, 그 나라는 국가 정책으로
이민자든 사업자든 외국인의 거주를 금하고 있었다.
외부 문화와 종교, 경제 영향 등이
유입되지 못하도록 모든 걸 철저히 봉쇄하고

내가 가지 않으면 아무도 가지 않는다

오직 엄선된 관광객만 잠깐 머물다 갈 수 있었다.
마음이 무너지는 듯했다.

'또다시 가족과 함께하지 못한다면….'

오랜 세월 함께하지 못한 아픔과 미안함이
다시 밀물처럼 밀려왔다.

'어떻게 해야 하지….'

아무 생각도 나지 않았다.
주님이 나를 이 땅에 보내셨다는
확신은 흔들리지 않았지만,
또다시 가족과 떨어져야 하는 상황 앞에서
나는 다시 한번 무릎을 꿇었다.
그리고 얼마나 지났을까.
현지에서 연락이 왔다.
내가 먼저 들어가고 반년 후에
가족이 들어올 수 있도록
정부 차원에서 행정 조치를 취하겠다고 했다.

이런 폐쇄적인 나라에서
일개 외국인 가족의 이주를 위해
정부가 행정 조치를 취하다니,
말도 안 되는 일이었다.

당시엔 이것이 얼마나 큰 혜택이고
기적에 가까운 일인지도 몰랐다.
그저 가족과 함께할 수 있다는 것만으로
너무 감격스러웠다.

'주께서 내게 허락하신 땅이 맞구나….'

내가 가지 않으면 아무도 가지 않는다

우상의 나라

우여곡절 끝에 홀로 부탄에 도착했다.

공항부터가 충격이었다.
승객들은 활주로에 내려 공항 입구까지 걸어갔다.
어느 시골 터미널도 이보단 좋을 것 같았다.

온통 산으로 둘러싸인 위험한 항로를 거쳐서
이곳에 도착하니 고지(高地)의 신선함이 있었다.
마치 십오 세기로 타임머신을 타고 온 느낌이었다.

나는 부탄의 수도에서 생활할 거로 생각했다.
그런데 내가 일할 지역은
수도에서 차로 아홉 시간 정도 가야 하는
남쪽 어느 지방이었다.

'지방이라고? 이 작은 나라에서
차로 아홉 시간이나 이동해야 한다고?
아무리 멀어도 대여섯 시간이면
이 나라 이 끝에서 저 끝까지 가겠는데,
아홉 시간이나 가야 하는 곳이면 대체 어디지?'

잘 이해되지 않았다.

이틀 뒤, 나는 협회 직원과 함께
차를 타고 길을 떠났다.
이 나라는 온통 산이었다.
나라에 산이 많은 게 아니라
산속에 나라가 있다는 표현이 더 적절했다.

부탄은 외부 세계와 담쌓고
오랜 전통 지키기를 고수하는 나라였다.
미개발 국가이며 신식보다는 구식을 선호했다.
그래서 그 흔한 터널도 보기 힘들었다.
자연을 사랑하고 왕을 추종하며
전설을 믿고 전통 의상을 즐겨 입는 나라.

내가 가지 않으면 아무도 가지 않는다

차가 도시를 떠나 산으로 올라갔다.
해발 이천 미터에서 더 높은 곳으로 올라갔다.
삼천 미터에 이르자 숨쉬기가 힘들었다.
고산병이 온 것처럼 차 안에 있는데 숨이 가빴다.
그런데 이상했다.
분명 나는 차 안에 있고, 창문도 닫혀 있는데
갑자기 찬 공기가 밀려오면서 온몸이 차가워졌다.

산 정상에 이르자 창밖 멀리로 뭔가가 보였다.
산 위로 뾰족뾰족하게 솟은 특이한 사찰들이었다.
동행한 직원에게 무엇인지 묻자
그는 마치 가이드처럼 장황하게 설명했다.
이 나라는 거의 모든 산 정상에
이 나라 사람들이 믿는 신의 성지가 있는데,
신이 제일 좋아하는 곳이라고 했다.
그래서 수많은 사람이 이곳에서 절하고 기도한다고.
운전기사가 우리도 그곳에 내렸다 가야 한다고 해서
나도 얼결에 따라 내렸다.

삼천 미터 고지, 그곳에 서 있는 우상 신,

그 앞에 절하고 있는 이 땅의 사람들.
이 나라 사람들은 이곳을 지날 때
모두 내려서 절하며 신에게 예의를 갖춘다고 했다.
나는 오랜 시간 이슬람 국가에서
무슬림의 신앙생활을 지켜보았지만,
이곳은 더 강하고, 더 깊고, 더 맹목적이었다.

전부 눈먼 사람처럼 나무나 돌에 새긴 우상에
절하고 기도하고 예배하며 그것들을 숭배했다.
심지어 나무에 입을 맞추며
온몸으로 껴안기도 했다.
마치 그 신이 자기를 구원해 줄 것처럼.
(그 땅의 신을 처음 만난 그 순간을
지금도 잊을 수 없다.)

따뜻한 차 안에서 불현듯 찬 공기가
내 몸에 스며들 때부터 알았다.
이 땅의 우상이 무얼 하고 있는지.
우상들은 이 나라의 모든 민족을
찬 소금기둥처럼 만들고 있었다.

내가 가지 않으면 아무도 가지 않는다

마음이 답답했다.
산꼭대기마다 산당을 짓고 우상을 세우고
그것을 향해 절하며 숭배하는 사람들.
성경에 나오는 이야기가 아닌
지금 이 시대, 내 눈앞에 그들이 있었다.
고산지대에 올라 숨이 차오른 것도 잠시,
나는 주님께 여쭈었다.

'주님, 얼마나 더 많은 사람이
우상을 섬기며 그 종으로 살아가야 하나요!
얼마나 더 많은 사람이 눈이 멀어
마귀의 자식으로 살아가야 하나요!
얼마나 더 많은 사람이
어둠을 사랑하며 살아가야 하는지요!'

답답함이 몰려왔다.
하늘은 가깝고 변함이 없는데,
이 땅은 온통 하나님을 모르는 자들의 우상숭배와
그들이 만들어 놓은 산당으로 더럽혀져 있고,
우상이 지배하고 있었다.

하나님의 아름다운 창조 세계가
원수와 귀신의 소굴이 된 것이었다.

그날, 나는 이 땅의 신을 처음 만나고
다시 차에 올라 길을 떠났다.
삼천 미터 정상에서 다시 내려갔다.
직선 도로가 없는 산길,
그나마 포장도로가 있으면 감사하지만
군데군데 비포장도로인 데다가 비가 많이 와서
큰 돌이나 바위가 떨어져 있는 구간도 많았다.
낙석이 있으면 양쪽 도로에 차를 세우고
산 밑에서 작업하는 사람들이 올라올 때까지
한 시간이고 두 시간이고 기다렸다.
차 안에 있는 사람들이
해결할 수 있으면 좋으련만,
오도 가도 못하고 마냥 기다려야 했다.

삼천 미터 고지에서 내려와
천 미터 고지에 도달했다.
산 하나를 넘은 것이다.

이번엔 또 다른 산을 넘기 위해
다시 이천 미터까지 올라가야 했다.

'이 험한 산을 얼마나 더 넘어야 하나?'

다섯 시간째 높은 산골짜기를 지나고 있었다.
앞으로 네 시간을 더 가야
주께서 보내신, 내가 살아야 할 땅에 이른다.

평생 이렇게 깊고 험준한 산을 넘은 적이 없었다.
꼬불꼬불한 길을 먼지를 친구 삼아 달렸다.
옆은 해발 삼천 미터가 넘는 낭떠러지인데
차량을 보호하는 난간조차 보이지 않았다.
도로는 좁은 왕복 2차선.
너무 좁아서 어느 구간은 차 한 대가
간신히 지날 수 있을 정도였다.
만일 반대 방향에서 차가 오면,
난간도 없는 갓길에 차를 아주 위험하게
비스듬히 세워야 했다.
자칫 실수하면 그대로 골짜기로 추락이었다.

나는 차가 설 때마다 등골이 오싹했다.

가도 가도 끝이 없고,

창밖을 내다볼 수 없을 만큼 오금이 저리는 길,

운전자가 잠시 한눈을 팔거나 졸기라도 하면

다시는 이 땅에서 가족을 볼 수 없는

이런 위험한 길은 살면서 처음이었다.

내가 이곳에서 운전하는 건 꿈도 꿀 수 없었다.

차를 타고 가는 내내, 수많은 사람이

이 첩첩산중에서 끝내 돌아오지 못한 사연을 들었다.

이 산을 넘다가 사고가 나면

사고 차량이나 시신을 찾기란 불가능하다고 했다.

금방이라도 야생동물이 튀어나올 것 같은

스산함 속에서 단 일 초도 긴장을 늦출 수 없었다.

"휴…."

깊은 한숨이 절로 나왔다.

이런 길을 네 시간이나 더 가야 했다.

내가 가지 않으면 아무도 가지 않는다

아무도 없다

길 중간중간에 산에서 굴러떨어진
바위와 나무들이 즐비했다.
비가 많이 내리는 이곳에 낙석의 위험이
도사리고 있음을 말해주었다.

산길을 달리고 또 달리는데,
내 마음에 한 음성이 들렸다.
너무 확실한 음성, 한 번도 들어보지 않은 단어였다.

'처음 교회.'

무슨 말인가 싶어 가만히 있는데, 또 한 번 들려왔다.

'너는 이 땅의 처음 교회다.'

너무 명확해서, 순간 가슴이 멍했다.

'처음 교회라….'

그때까지만 해도 나는
하나님이 주신 말씀의 의미를 잘 몰랐다.

'이 땅에 교회가 없어서 처음 교회라고 하신 건가?
아니면, 내가 첫 선교사라서 하신 말씀인가?'

몇 시간 전, 삼천 미터 정상에서 본
사람들이 우상 앞에 절하는 모습과
그들이 만든 신의 성지가 떠올랐다.
복음이 없고, 말씀이 없고, 교회가 없는 곳.
세상으로부터 고립된 이 나라는
기독교를 탄압하여 발도 못 붙이도록
수많은 박해를 가했던 역사가 있었다.
지금도 그들의 종교 외에는
어떤 종교도 불법으로 간주하여
복음을 전하면 재판 없이 감옥에 보낸다고 했다.

내가 가지 않으면 아무도 가지 않는다

시간이 지난 후, 오랜 암흑과 같은
이 땅의 역사를 알고 난 후에야
이 땅에 빛이 없었음을 알았다.
나는 이 지역의 첫 선교사였다.

지구상에는 아직도 외부인의 발걸음이 닿지 않은
수많은 오지가 존재한다.
전쟁과 테러가 발발하는 지역이나
야생동물이 사는 밀림이나 깊숙한 산속에서
세상과 단절되어 살아가는 이들의 지역이 그렇다.

'처음'이라는 단어가 왠지 낯설지 않았다.
처음은 무언가의 시작이다.
처음이 아름다워야 그다음 사람들이
앞서 닦아놓은 길을 밟고 갈 수 있다.

'내가 이 땅에서
주님의 거룩한 교회가 될 수 있을까?
우리 가족이 주의 처음 교회가 되어
이곳에서 주님의 영광을 나타낼 수 있을까?'

교회의 머리요 몸이신 주님,
그 주의 영이 머무시는 교회….
고민이 깊었다.

우리 일행은 해발 이천 미터 지대로 내려와서
한 허름한 가게에서 간단한 식사를 했다.
마른 돼지고기에 매운 양념 하나,
밥은 그릇에 머슴밥으로 담겨 나왔다.

'이걸 다 먹으라고?'

나는 밥을 삼 분의 일로 줄여 달라고 했다.
그런데 동행들은 앉은 자리에서 숨도 쉬지 않고
그 밥을 다 먹고 또 그만큼 더 달라고 했다.
마른 돼지고기는 너무 딱딱해서
먹고 소화하는 데 한참이 걸렸다.

밥을 먹은 후, 차를 타고 또 산을 올랐다.
이천 미터 지대에서 삼천오백 미터 정상으로.
이전 삼천 미터와는 비교도 할 수 없는 높이였다.

내가 가지 않으면 아무도 가지 않는다

그곳에는 구름과 안개가 모여 있었다.

'우와… 꿈인가, 생시인가?'

구름이 손에 잡힐 듯, 구름 위를 달리는 기분이었다.
바로 옆이 낭떠러지여서 감히 창밖을 보진 못했다.
가슴이 조여오고 숨이 찼다.
그렇게 몇 시간을 올라갔다.

마침내 도착한 삼천오백 미터 정상에 있는 도시.
산 중간중간에 마을이 보이고,
그 가운데 학교 같은 작은 건물도 보이고,
마을 안에는 제법 가게나 식당도 있었다.
사람들은 시골 사람들이었다.
입은 옷도 비슷하고, 얼굴도 비슷해 보였다.
그들은 주로 농사와 가축을 키우며 산다고 했다
(부탄은 사방이 육지인 내륙국으로 바다가 없다).

그런데 그곳이 내가 있을 곳이 아니었다.
앞으로 세 시간을 더 가야 한다고 했다.

'여기도 오지 중의 오지인데 더 간다고?'

대체 어디로 가는 건지,
도착지가 어딘지도 모른 채 다시 차에 탔고
차는 산길을 달리고 또 달렸다.

첩첩산중을 넘어 드디어 목적지에 도착했다.
사람들의 얼굴이 생소했다.
수많은 인종을 만나 봤지만
또 다른 민족을 만나는 순간이었다.
나는 맨정신으로는 넘을 수 없는 산을
세 개나 넘은 직후라 정신이 혼미했다.
가만히 있어도 온몸에 땀이 흘렀다.
남쪽 지방이라서 더위가 만만치 않았다.
산속에 있을 때와는 또 다른 습하고 더운 날씨
그리고 적막한 마을 분위기.

그날은 아직 살 집을 구하지 않았기에
작은 호텔에 숙박했다.
말이 호텔이지 비가 오고 바람이 불면

　　　　　　　내가 가지 않으면 아무도 가지 않는다

금방이라도 물이 새고 지붕이 날아갈 것 같았다.
방에는 온갖 곤충과 벌레들이
손님 맞이하듯 나를 반겼고,
습하고 더운 날씨에 시끄러운 소리를 내는
작은 선풍기 한 대가 고작이었다.
하지만 이거라도 없으면 더위를 버티기 힘들 뻔했다.

이른 아침부터 많은 일을 겪었고,
몸도 마음도 만신창이여서 시원한 물에 씻고 싶었다.
샤워실에 들어갔더니 물이 나오지 않았다.
아니, 나오긴 했다. 졸. 졸. 졸.
손바닥에 모아서 세수도 못 할 물줄기였다.
땀에 젖은 옷을 다시 입고 카운터에 가서
물이 안 나온다고 이야기했더니
옥상 물통에 물이 떨어져서 물을 받고 있다고 했다.
얼마나 걸리는지 물었더니
다섯 시간 정도는 받아야 한다고 했다.

'지금이 밤 아홉 시, 다섯 시간 후면 새벽인데
그때까지 기다려야 하나?'

이대로 잠을 청하고 싶었지만,
숙소에서 조용히 주님을 기다렸다.
또다시 시작하는
최전방의 새로운 땅을 만나는 순간이었다.

긴장과 부담, 기대와 소망,
이 모든 것이 한순간에 밀려왔다.
무엇이 먼저라고 할 것 없이
밀려드는 수많은 마음의 소리를 뒤로한 채
복음이 들어오지 않은 이 땅에서
나는 주님을 만났다.

내가 가지 않으면 아무도 가지 않는다

내게 허락하신 영혼들

주님께 기도드렸다.

"열방 한구석에
인간에게는 숨겨지고 가려진 은둔의 땅이지만,
이 모든 민족과 나라가 주님 손안에 있음을 압니다.
온 땅의 주인이신 주님의 눈이 이 땅을 향하시며
아주 오래전부터 이 땅에 복음을 전하기 위한
당신의 손길은 멈추지 않았습니다.

우상과 전통과 귀신에 사로잡혀 사는
영혼들을 향한 주님의 마음을 갖게 해주십시오.
우리의 유일한 구원자이신 하나님이
인간의 모습으로 이 땅에 오신,
그 예수님을 모르는 수많은 영혼의 외침을 듣습니다.

숨겨지고 가려진 이 땅의 사람들,
헛된 우상 앞에 무릎 꿇고
죽은 신에게 절하는 영혼들의
공허한 절규를 듣습니다.

아버지, 이 땅을 창조하시고
보기에 좋으셨던 그때를 기억해 주십시오.
이 땅을 기억하셔서 그 아름다움이
다시 이 땅에 넘쳐나게 해주십시오.

이 민족이 주를 노래할 그날을 기다립니다.
주의 구원의 말씀 앞에
무릎 꿇는 그날을 기다립니다."

나는 기도를 마치고
종일 입었던 땀내 나는 옷을
그대로 입고 잠이 들었다.

다음 날 아침, 지난밤 정신없이 잠을 청했던
찝찝한 몸을 씻고 정신을 차렸다.

이 땅이 궁금했다.
빵으로 간단히 식사하고
내가 함께 살아갈 사람들을 만나러 갔다.

부탄은 이곳에 축구 아카데미가 있었다.
나라의 축구 미래를 이끌어갈 선수들이
함께 모여 생활하면서 훈련하는 곳이었다.
다른 나라들은 주로 대도시에 있는데,
이 나라는 수도에서 아홉 시간이나 떨어진
외딴 지역에 있었다.
아마 날씨 때문일 것이다.
이 지역은 일 년 내내 더워서
추운 지역보다는 훈련하기가 좋을 것 같았다.

이곳은 오지다.
원래 외국인이 없는 나라지만,
그래도 도시에서는
이따금 관광객이라도 볼 수 있는데
이곳은 그조차 볼 수 없었다.
정말 아무도 없었다.

오직 나와 앞으로 올 우리 가족이
유일한 외국인이고, 외국인이 이곳에 사는 건
처음 있는 일이라고 했다.

차를 타고 비포장도로를 한참 달렸다.
도착한 곳에는 건물과 운동장이 있었고,
육십 명이 넘는 학생이 나를 기다리고 있었다.
긴장감과 기대감이 교차했다.

'주께서 어떤 사람들을 내게 허락하셨을까?'

그간 수많은 사람을 만났다.
그저 스쳐 지나가는 사람도 있었고
함께 동고동락한 사람도 있었다.

'이 땅에서 나와 함께 울고 웃고
먹고 숨 쉴 이들은 어떤 사람들일까?'

나를 기다리는 사람들과 만났다.
아직 앳된 얼굴에 수줍음과 순진함이

내가 가지 않으면 아무도 가지 않는다

그대로 묻어나는 청년들이었다.

세상에 있는 자기 사람들을 사랑하시되
끝까지 사랑하시니라

요 13:1

나도 예수님처럼
이 사람들을 끝까지 사랑하고 싶다.

예수 귀신

예수님을 '귀신'으로 알고 있는 사람들이 있다.
전설 속 이야기가 아니라
내가 사는 이곳 사람들의 이야기다.

이곳에선 아이가 태어나면 모두 사찰에 가서
아이 이름을 지어 받는다.
사찰 주지승은 새로 태어난 아기를 위해
굿을 하고 기도한 후 여러 개의 이름을 준다.
그러면 부모가 이름이 적힌 쪽지 중 하나를 뽑고
거기 적힌 것이 아기 이름이 된다.
부모는 그 쪽지를 받아 들고 감사의 제사를 드린다.

이름이 주어진 다음에는
아기가 평생 섬겨야 할 신(우상)을 받는다.

부모는 아기의 신을 소개받고
그 신을 섬기는 예절을 전해 듣는다.
신을 위해 어떻게 살아야 하는지,
신을 노엽게 하거나 기쁘게 하는 건 무언지.

이후 부모는 아이가 평생 섬겨야 할 신에 대해
어릴 때부터 철저히 '교육'하여
(이 단어가 어울릴지 모르겠지만)
아이의 삶의 모든 기반이
그 신을 중심으로 움직이게 한다.
받은 신을 노엽게 하면 안 되기에
지켜야 할 몇 가지 주문이 주어진다.

예를 들어,
아이가 물을 싫어하는 신을 받았다면
부모는 아이에게 그 신이
물을 싫어한다는 사실을 알려주고,
아이가 물가에 가지 못하게 지도하고,
또 비 오는 날에는 비를 맞지 않도록 가르친다.

그러면 아이는 자연히
평생 물가에 가는 걸 두려워하게 된다.

'동쪽'의 신도 있다.
이 신을 받은 사람은 늘 동쪽을 바라보며
기도와 절을 하고,
학교나 직장에서 동쪽을 향해 앉고,
동향의 집을 구한다고 한다.
'바람'의 신, '구름'의 신도 있다.
모든 자연이 신이다. 물론 동물 신도 있다.
단, 신의 이름과 특징은 다 다르다.

또 이 나라는 집마다 신을 모시는 방이 꼭 있다.
어느 집에 가도 방 하나는 신의 방이다.
사람들은 새벽 이른 시간에 일어나
제일 먼저 그 방에서 제사를 드린다.
그리고 제사에 필요한 것을 잘 준비해 두었다가
저녁에 다시 그 방에 들어가 절하고
하루를 정리하며 제사를 드린다.
귀신과 살고, 귀신과 죽는 것이다.

내가 가지 않으면 아무도 가지 않는다

그래서 이 땅은 귀신 왕국이다.

이들이 신을 섬기는 이유는

그것이 귀신을 물리치는

유일한 길이라고 믿기 때문이다.

사람들은 귀신 이야기를 빼면 대화를 못 한다.

워낙 산이 많아서 자연 귀신이 가장 많다.

나무귀신, 바람귀신, 물귀신, 돌귀신 등.

어둠귀신도 있어서, 대부분 아이들은

밤에 불을 끄면 무서워서 못 잔다.

그래서 누군가와 함께 자든지

밤새 불을 끄지 않는 게 일반적이다.

그러다 정전이라도 되면 밤을 꼬박 새우기도 한다.

촛불을 밝히고 랜턴을 켜도

어둠이 안겨주는 두려움을 쉽게 떨쳐내지 못한다.

우기가 되면, 그 공포감이 더욱 커진다.

무섭고 힘든 시간의 연속이다.

한번은 한 친구가 넘어져서 무릎에 멍이 들자

사람들이 이렇게 말했다.

"이 멍은 귀신이 물어버린 자국이야."

놀랍게도, 모두 그 말을 믿었다.
그들을 둘러싼 모든 곳에
귀신이 존재한다고 믿기 때문이었다.

내 뒤를 따라 이곳에 온
딸과 아들은 현지 학교에 다녔다.
아이들은 학교에서 돌아오면
한동안 멍하니 있다가 이렇게 말하곤 했다.

"학교에 가면 선생님과 친구들이
모두 귀신 이야기만 해요."

수업 시간에도 귀신 이야기가 빠지지 않았다.
수학을 가르치면서 귀신 이야기가 왜 필요할까?
아이들은 반 친구들과 무슨 얘기를 해도
귀신 이야기로 시작해서
귀신 이야기로 끝난다고 했다.
자기가 믿는 귀신, 자기가 만난 귀신.

학교뿐 아니라 가정, 사회, 교육, 정치계에도
귀신이 자리 잡고 있었다.
그러다 보니 우리 아이들도
밤마다 귀신의 공포에 떨었다.
학교에서 들은 귀신 이야기가
머리에 남는지 밤마다 잠을 설쳤다.
늘 듣는 귀신 이야기가
아이들의 마음을 무겁게 짓눌렀다.
저녁마다 잠자는 게 무서운
이 땅의 아이들에게 복음이 절실했다.

사람들은 기독교도 알고, 예수도 알았다.
그러나 예수를 수많은 귀신 중 하나로 생각했다.
그들은 어릴 때부터 예수에 관해
들어도 안 되고, 알려고도 하지 말라고
귀가 아프도록 들으며 자랐다.
예수 믿는 사람과는 밥도 먹지 말고,
선물도 받지 말며 상종하지도 말라고.
그들은 예수에 대한 수많은 거짓과 속임을
그대로 믿고 살고 있었다.

사람들은 내가 예수 믿는 걸 알았지만,
내 앞에서 예수에 관한 이야기를 거의 하지 않았다.
다만 종교 이야기를 하면
늘 '예수 귀신'이 등장했다.

"우리 할머니가 그러는데, 예수는 큰 귀신이래요."
"예수 귀신은 사람을 잡아먹는대요."

하늘을 보고 땅을 보면 이토록 아름다운데
온통 귀신으로 뒤덮여 있다니!
어떤 대화를 해도 귀신으로 시작해서
귀신으로 끝나는 이들의 삶이 가슴 아프다.
예수에 관해 말하려 하기만 해도,
귀신 얘기부터 꺼내는 이들에게
내가 믿는 예수님을 어떻게 전해야 할까!

온 가족이 모이다

내가 이곳에 들어온 지 육 개월이 지나자
약속대로 아내와 세 아이도 올 수 있었다.
첫째는 열한 살, 둘째는 여덟 살,
셋째는 두 돌이 지날 즈음이었다.

입국 전에 이곳 정부에서 서류를 요구했다.
외국인 가족이 들어와서 살 수 없는 나라이기에
정부의 요구가 매우 까다롭고 복잡했다.
그걸 완비해야만 서류심사를 받을 수 있었고,
하나라도 틀리면 다시 준비해야 했다.
준비할 서류가 얼마나 많은지
아내는 녹초가 되었다.
심지어 아내의 대학 성적 증명서까지 제출해야 했다.
아내가 여기서 취업할 것도 아닌데

성적 증명서가 왜 필요할까?

두 달쯤 걸린 서류 작업과 심사가 끝난 후,
아내와 아이들은 내가 왔던 항로를 따라
부탄에 도착했다.
아이들은 신기한 듯 여기저기를 둘러보았고
긴 산길 여행을 위해 차에 올랐다.
고지대의 불편함과 구불거리는 산길로 인해
아내와 아이들은 멀미와 구토에 시달렸고
특히 아이들이 많이 힘들어했다.
아이들에게 사실대로 이곳 사정을
설명하지 않은 것도 이런 이유에서였다.
오기도 전에 실망하고 두려워할 것 같았다.

중간중간 멈춰 서서 휴식을 취하느라
무려 열한 시간의 대장정을 마치고,
마침내 내가 사는 지역에 도착한 아내와 세 아이.
우리 가족은 아이 셋을 낳기까지
한 번도 제대로 함께 살아보지 못했는데,
멀고 먼 오지에서 비로소 하나가 되었다.

내가 가지 않으면 아무도 가지 않는다

지금까지는 늘 부모님 댁이나
남의 집 게스트 룸 등에서 잠깐씩 지냈기에
'우리 집'이라고 할 만한 데서
온 식구가 살아본 적이 없었다.

여기도 평생 머무를 집은 아니지만,
당분간 다섯 식구가 함께 살 '우리 집'이었다.
시골이라 많은 건 없지만
우리는 기본적인 가구와 전기제품,
주방용품을 사러 다니면서 집을 꾸몄다.
드디어 선교지에서 가족과 함께 사는 삶을
실감하기 시작했다.

'여기가 우리 집이구나.'

첫째와 둘째가 현지 학교에 입학했다.
학교에서는 현지 전통 교복을 입어야 했다.
날씨가 열대 지역처럼 덥고 습도도 높지만,
아이들은 발끝까지 덮는
전통 교복을 입고 학교에 다녔다.

우리나라 1960년대 학교에나 있을 법한
다 망가진 책상과 하도 낡아서
글씨가 잘 보이지 않는 칠판,
에어컨은 고사하고
선풍기도 제대로 갖춰지지 않은 교실.
게다가 화장실은 사용이 거의 불가능했다.
발 디딜 곳 없이 오물이 가득하며
청소도 정리도 안 되어 있었다.

'이런 곳에서 수업할 수 있을까?'

하지만 아이들은 학교에 적응해 나갔다.
현지 아이들과 사귀며
그들의 언어와 문화와 생활을 배웠다.
아이들은 아침 조회와 오후 시간에
신에게 절하며 주문을 외우는
종교 집회에 참여해야 했다.
기도문을 외우고 국가도 부르며
그들의 신에게 올리는 의식이었다.

내가 가지 않으면 아무도 가지 않는다

그 시간에 나의 두 아이,
루비(가명)와 엘림(가명)은
예수님에게 기도하는 법을 배워서
이렇게 기도했다.

"이 민족이 주를 찬송하게 하소서.
이 민족이 나의 하나님을 예배하게 하소서.
죽은 자들이 살아나게 하소서.
이 땅에 교회가 세워지게 하소서."

매일 우리 아이들은
선교지에 있는 시골 학교에 갔다.
전통복을 입고, 도시락을 가지고
찜통 학교로 향했다.
학교에는 수많은 벌레와 곤충,
때로는 뱀도 출몰했다.
뱀을 보는 건 예삿일이었다.

메마른 땅을 온종일 걸어도

하늘에서 쏟아지는 비는
그칠 줄 모르고 이 땅을 적셨다.
밤새 천둥 번개를 동반한 비가 내렸다.
천둥소리는 그야말로 상상을 초월했다.
그토록 요란한 뇌성은 처음 들었다.
얼마나 큰지 귀가 먹먹할 정도였다.
그런 천둥 번개가 수십 번씩 내리쳤다.
오직 하나님의 자연 질서로만 운행되는 대자연 앞에
인간의 교만과 자만은 절로 고개를 숙이게 된다.

비가 그치길 기다려도 빗줄기는 더 거세졌다.
비가 오면 정전이 되진 않을지,
비 새는 곳은 없을지 긴장이 되었다.
아니나 다를까, 여느 때와 같이

내가 가지 않으면 아무도 가지 않는다

천둥이 치자 전기가 나갔다.
동네는 어둠으로 덮였고,
한 줄기 빛도 없는 깜깜한 동굴로 변해버렸다.
언제 들어올지 모르는 빛을 기다리며
우리 가족은 촛불 두어 개로 밤을 밝혔다.

셋째 아이가 세 살이 되었다.
아이는 이곳이 낯선지 현지인만 보면 무서워했다.
늘 긴장하다 보니 내게만 매달려 있었다.
그래도 조금씩 현지인들과 친해지기 시작해서
감사할 따름이었다.

어린이날이 다가오고 있어서
아이들에게 무엇을 해줄지 아내와 의논했다.
아이들이 한국의 어린이날을 기억할 텐데,
한국에 있을 때 할머니, 할아버지가 사주신 선물과
맛있는 음식을 기대할 텐데,
여기서는 해줄 수 있는 게 딱히 없었다.
솔직히 아이들이 어린이날을
잊었을 수도 있다고 생각했다.

하지만 어린이날이 다가오자
아이들은 자신들이 기억하고 있음을
아내와 내게 상기시켜 주었다.
한국이었다면 이것저것을 기대하고 요구했을 텐데
고맙게도 이곳에선 그런 기색이 없었다.
어린이날에 무언가를 사달라고 떼쓰지도 않고
무얼 해달라고 조르지도 않았다.
그런 아이들이 나는 안쓰러웠다.
또래들이 받아야 할 혜택을
못 받게 하는 것 같아 미안했다.

대신 아이들은 한국 공교육에서는
배울 수 없는 것을 이곳에서 배웠다.
선교지가 그렇다.
여기서 우리는 이방인이다.
전통 옷을 입고, 현지어로 말하고,
현지 음식을 먹어도 여전히 이방인이다.
아이들도 그렇게 살아간다.
그러면서 나와 다른 문화와 언어와 피부색을
가진 이들을 이해하고 존중하며

내가 가지 않으면 아무도 가지 않는다

그들과 서로 협력하는 법을 체득해 나간다.

어린이날 저녁, 우리 가족은 아내가 특별히 준비한
아이들이 좋아하는 음식을 먹으며
어린이날을 축하하고,
우리만의 기념 예배를 드렸다.

"메마른 땅을 온종일 걸어가도 피곤치 아니하며
위험한 곳 내가 이를 때면~"

찬송가를 부르며 마음을 달랬다.
가사를 곱씹으며 우리가 걸어가는
이 메마른 땅을 생각했다.

우리 아이들은 선교사 부모를 만나
부모가 걸어가는 메마른 땅을 같이 걸어간다.
제 의지와 상관없이, 이해하든 못 하든
부모가 가니까 저들도 따라간다.
처음에는 메마른 땅인지 모르고 함께 걷는다.
그 걸음이 익숙해질 때쯤, 저 건너편에 있는

물 댄 동산과 아름다운 꽃밭이 눈에 들어온다.
그런 길을 힐끗 쳐다보며
저리로 걸어가고 싶다는 생각도 한다.
하지만 그 길은 하나님이 허락하신 길이 아니다.

우리가 걷는 길이
때로는 가물고 메마른 땅이어도
걸어가야 할 길이라면,
세상에서 가장 좋은 길이고 값진 길이다.
예수님을 만난 수많은 사람이
이 길을 마다하지 않았다.
혼자 걷기도 하고, 함께 걷기도 하며,
쓰러져도 다시 일어나서 계속 걸어갔다.
길에서 강도를 만나기도 하고,
산 짐승을 만나기도 하고,
태풍과 모래바람을 만나기도 했지만,
그 걸음을 멈추지 않았다.

내가 가는 길은
오래전 예수님을 사랑했던 자들이

내가 가지 않으면 아무도 가지 않는다

걸어간 길과는 비교도 되지 않는다.

그들은 한 치 앞도 보이지 않는 길을 걸었다.

오직 믿음으로만 볼 수 있고, 걸어갈 수 있는 길.

물질도, 가족도, 집도, 동행자도 없었다.

그 길에는 오직 주님만 계셨다.

그들에 비해 나는 많은 걸 가졌다.

사랑하는 가족, 태풍을 피할 집, 먹을 양식.

이 메마른 땅에 남아 있는 게

내가 가야 할 길이다.

이 길을 내 가족과 함께 걸어가길 바랄 뿐이다.

영의 가뭄

주께서 나를 선교사로 부르셨다.
오랜 시간, 선교사로 사는 것을
나의 사명으로 믿으며 이 길을 걸어왔다.
그렇지만 여전히 바보처럼 주님께 묻는다.

'어떻게 하면 선교사답게 살 수 있을까요?
어떻게 살아야 온전한 선교사로 살 수 있나요?
어떻게 해야 주님을 더 사랑할 수 있을까요?'

이런 질문이 나를 지배한다.
하지만 나는 또 무너지고 쉽게 넘어진다.
마음은 주께 가고 싶지만, 내 마음속 또 다른 법이
나를 힘 없는 사람으로 만들곤 한다.
그런 나 자신을 볼 때면

내가 가지 않으면 아무도 가지 않는다

스스로 무덤을 파는 것 같을 때가 있다.
새벽마다 주의 말씀 앞에 앉는다.
하지만 습관적으로 하는 묵상은
아무런 힘이 되지 않는다.
그런 날이면, 마치 기계처럼 하루를 시작한다.

나는 아내에게 정말 필요한
따뜻한 말 한마디 건네지 못하는 사람이었다.
아이들도 내 감정과 기분에 따라 대하곤 했다.
이런 내 모습을 보면서
이성과 말씀, 감정과 신앙이
각기 따로 작용한다는 걸 알았다.
매일 만나는 이 땅의 사람들을 사랑하고 싶지만,
형식적인 관계 맺기와 말뿐인 사랑은
진짜 사랑이라고 할 수 없었다.

선교사, 아니 모든 사역자에게
가장 무서운 증상은
물 한 방울 나오지 않을 정도로
심령이 메말라 가는 것이다.

영의 가뭄이 찾아오면 인생에 비상등이 켜진다.
내게도 가뭄이 찾아왔다.
모든 게 말라버리는 시간이.

내 인생에 가뭄이 찾아오리라고는 상상하지 못했다.
늘 주의 일을 열심히 한다고 자신하며
믿음을 떠나지 않기 위해 경건 생활을 철저히 지켰다.
주님을 더 사랑하고 싶지만
그 사랑에 못 미치는 나에게 화가 났고 아팠다.
말씀 안에서 살려고 부단히 애썼고
최전방 선교사로서 사명을 다하려 최선을 다했다.
그동안 많은 위기가 있었지만, 은혜로 잘 넘겼다.
하지만 이 땅은 정말 어려운 곳이다.
매일 밀려오는 육체적 피곤과
영적 스트레스가 만만치 않다.
여유 있게 차 한잔할 시간도, 장소도 없다.

아내는 거의 종일 집에서 시간을 보낸다.
아내의 희생 없이 어린 세 아이가
낯선 땅에 적응하기란 불가능했다.

내가 가지 않으면 아무도 가지 않는다

문화, 음식, 언어, 날씨, 생활이 전부 다른 땅에서
식사 한 끼 하며 수다 떨 사람도 없다.
아내는 가끔 우리 같은 가정이
딱 한 가정만이라도 더 있으면 좋겠다고 말한다.
힘들고 고단한 선교지에서
같은 사명과 사랑을 품은 사람들이 있다면
가끔 찌개라도 같이 끓여 먹으며
향수를 달랠 수 있을 텐데….
아내에게도 나처럼 가뭄이 찾아오는 게 보였다.
육체적, 정신적으로 지쳐가는 아내에게
해줄 수 있는 게 아무것도 없었다.

테러가 빈번한 아프간에서도,
내전의 위협이 도사리는
여러 무슬림 국가에서도 살았지만,
이곳의 고립감은 이루 말할 수 없었다.
비상 상황이 생겨도 탈출할 방법이 없었다.
산을 네 개나 넘어야 도시로 갈 수 있기 때문이었다.

내가 일하는 곳은 많은 사람이 모여 있다.

그래서 매일 문제가 터진다.

날마다 문제를 직면하고 해결하기 위해

동분서주하지만, 해결할 능력이 내게는 없다.

내가 만나는 이 땅의 영혼들은

부모 있는 고아와 같은 아이들이다.

가난과 배고픔, 학대와 깨어짐이 있는

가정에서 자란 이 아이들은

집이 지옥보다 더 싫다고 말한다.

그들의 부모는 자녀를 물건 취급한다.

너무 어릴 때 키울 능력도, 준비도 없이

아이를 낳아서 줄곧 방치했다.

그래서 편부모와 외조모의 손에

길러진 아이들이 대부분이다.

폭력과 폭행에 노출되고,

어둠 속에서 살아온 아이들이라

사람에게 마음을 쉽게 열지 않는다.

게다가 귀신에게 사로잡혀 있다.

모든 것이 귀신의 장난이며 저주라고 믿는다.

귀신을 빼놓고는 대화하지 못한다.

　　　　내가 가지 않으면 아무도 가지 않는다

이 '귀신 천국'에 사는 사람들 앞에서
나는 늘 작아진다.

'어떻게 복음을 전하지?
어떻게 귀신에게서 벗어나게 할 수 있을까?
어떻게 이들을 먹이고, 어떻게 사랑하지?'

이런 고민에 둘러싸여
맘 편히 자는 날이 거의 없었다.
사역도, 가정도 크고 작은 긴장의 연속이었다.
부정과 불법이 난무하는 이 땅에서
불의와 타협하지 않고 그것을 이겨낼 힘도 필요했다.

나는 점점 지쳐갔다.
나를 지지하고 응원해 줄 사람이 필요했다.
하지만 주위에 그럴 여력이 있는 사람도 없고,
그걸 기대할 만한 상황도 아니었다.
나의 내면이 바싹 말라가는 걸 느꼈다.
이 땅의 영혼들을 사랑할 수 있는 그 사랑이
내게 없음을 알았다.

매일 만나는 사람들이
불쌍하고 안타까웠지만, 그게 전부였다.

'이들의 인생을 불쌍히 여기고
안타깝게 여기려고 이곳에 온 게 아닌데….'

내겐 이들을 향한 사랑이 없었다.
이것이 내 가뭄의 증거였다.
말씀이 더 이상 나를 지배하지 못했다.
말씀이 더 이상 나를 이기지 못했다.
이것이 내 가뭄의 증거였다.
누구를 대하든 무얼 하든
습관처럼 굳어진 나의 태도,
이것이 내 가뭄의 증거였다.

'예수를 귀신으로 알고 있는 이들에게
나는 도대체 누구인가?
예수를 믿어도 사람이 변하지 않는 이유는
도대체 무엇인가?'

내가 가지 않으면 아무도 가지 않는다

몸도 마음도 점점 메말라 갔다.
피곤하고 고통스러운 가뭄의 시간이 길어졌고,
우리 부부는 이 시간을 어떻게 넘어갈지 몰랐다.
한때는 이 가뭄을 모든 사역자가 겪어야 할
고통으로 해석하며 이렇게 사는 게 맞다고 생각했다.
하지만 아니었다.
성경은 그렇게 말씀하지 않았다.

> 나를 믿는 자는 성경에 이름과 같이
> 그 배에서 생수의 강이 흘러나오리라 하시니
> 요 7:38

"그 배에서 생수의 강이 흘러나오리라."

예수님이 말씀하신 "생수의 강"은
마르지 않는 물을 의미한다.
그 생수가 내 속에서부터 흘러나올 거라고 하셨다.
어디서 무얼 하든지, 주를 믿는 자에게는
생수의 강이 흘러나온다. 그게 맞다.
만약 내가 메말라 가고 있다면,

그건 내 속에 생수의 강이 없는 것이다.
물 없이 살아가는 걸 상상이나 할 수 있는가!

매일 새벽, 나는 잠결에 기도했다.
잠 속에서 하는 기도는
기도라기보다 애통한 부르짖음에 가까웠다.
아침에 일어나면 지난밤의
통곡과 같은 기도가 생생히 기억났다.
얼마나 기도하는지, 누가 기도하는지는 몰라도
나는 잠 속에서 무의식의 통곡을 했다.
아침이 되면 깊은 잠을 자지 못한 탓에
두통과 답답함이 밀려왔지만,
내 안의 무언가가 애통해함을 느꼈다.
나의 기도는 반복되는 한마디였다.

"주님, 살려주세요!"

마치 물에 빠진 사람이 다급하게 외치듯
오직 이 말만 내 속에 계속 울려 퍼졌다.
그러던 어느 날, 또 다른 음성이 내 마음에 들렸다.

내가 가지 않으면 아무도 가지 않는다

'내가 살아나리라! 네가 살아나리라!'

그리고 서서히 살아났다.
주께서 죽음을 이기고 살아나셨듯이
죽음과 같은 저 깊고 깊은 메마른 땅속에
묻혀 있는 내가 살아나리라 말씀하셨다.
오직 우리 주님께만 있는 그 생명의 능력이
죽은 자를 살리실 수 있다.

주께서 나를 메마른 사막으로 이끄셨다.
나는 그 사막이 이 땅의 모습임을 알았다.
생명의 물 한 방울 없는 곳,
송장과 같고 완벽한 어둠만이 존재하는 곳.

언젠가 이 땅의 민족이 우리 구주 예수님을 향해
"주님, 살려주세요!"라고 부르짖는 날,
주께 돌아오는 자는 이 소리를 듣게 될 것이다.

'네가 살아나리라!'

Part 3

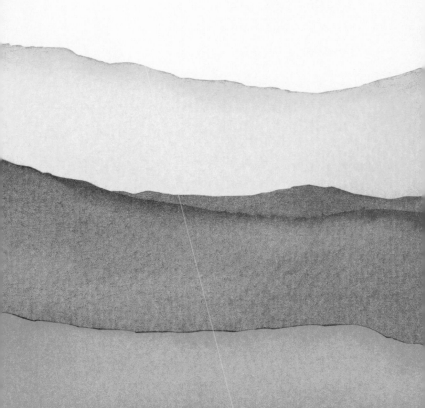

내가 있어야 할 이 땅에서

귀신의 소리 〰

이곳에 온 지 삼 년이 지나고 있다.
시간이 어떻게 흘렀는지 모를 만큼
정신없이 지냈다.
예수님을 '대장 귀신'으로 알고 있는
사람들에게 어떻게 예수님을 전할 수 있을까.
이들은 예수님 얘기만 나오면 비웃으며
자기의 신 이야기를 꺼냈다.
그 신을 믿으면서 여전히 귀신의 종노릇을 했다.
일과를 마치고 집에 갈 때면,
그들은 내게 귀신을 조심하라고 진심으로 충고했다.
그때마다 내가 말했다.

"나의 하나님은 전능한 분이셔서
귀신이 도리어 무서워한다.

　　　　　　　내가 가지 않으면 아무도 가지 않는다

나는 그 하나님을 믿는 그분의 아들이다.

그래서 귀신이 나도 무서워한다.

내게는 접근조차 하지 못하니 걱정하지 마라.

그런데 너희가 믿는 신은 너희를

귀신에게서 지켜주지 못하는구나!

너희 신이 귀신보다 힘이 없는 모양이다.

그러면 신이 아닌 게 아니냐?

신은 전능해야 하는데

너희 신은 너희를 귀신에게서 보호하지도 못하고,

귀신을 이기지도 못하니 말이다.

너희는 귀신이 무서워서 신을 믿고 따르는 건데,

그 신이 정작 너희를 구원하지 못하지 않냐?

그런데 내가 믿는 예수님 앞에선 귀신이 도망간다."

사람들에게 이야기하며 스스로 한참 생각했다.

이 나라 국민은 일 년에 한 번 이상,

집과 공동체와 직장 등 사람이 머무는 곳이면

어디서나 귀신 쫓아내는 의식을 치른다.

마치 무당이 굿을 하듯이.

그런데 여기선 사찰 주지승이 행한다.

이 의식은 오래전부터 이어진 부탄의 전통 행사로
전 국민이 빠짐없이 참여해야 한다.

이를 위해 사찰 주지승은
탈과 수많은 굿 도구를 가지고 방문한다.

하루도 아니고, 이박 삼일간
집이나 사무실에 머물면서 굿과 기도 의식을 행한다.

그것이 끝나면 횃불과 불꽃을 만들어
집이나 사무실 곳곳을 다니면서
소리를 지르고 귀신 쫓는 주문을 외운다.

이때 그곳에 지내는 사람들도 함께 다니면서
비명에 가까운 소리를 지르며 주문을 외운다.

이 의식을 할 때, 어떤 이들은 귀신을 목격하고
기절하거나 비명을 지르거나 도망간다
(내 눈에는 이 모습이 귀신을 쫓기보다
의식을 즐기는 것처럼 보인다).

그러나 귀신이 귀신을 쫓을 수는 없다.

예수님 말씀이 생각난다.

마 12:26

이 나라가 귀신의 왕국, 사단의 왕국이 된 이유는
사단이 사단을 쫓아낼 수 없기 때문이다.
내가 있는 축구 아카데미에서도
이 의식을 거행했다.
우리는 방도 많고, 교실도 있어서
시찰 주지승 수십 명이 방문했다.

그들은 이박 삼일간 먹고 주문 외우기를 반복했다.

귀신 탈바가지를 뒤집어쓰고 숨은 귀신을 불러냈다.

마지막 날 저녁에는 횃불을 들고

방마다 들어가 귀신을 쫓아냈다.

어느 방 앞에 다가가서는 소리를 질렀다.

그 방에 엄청나게 큰 귀신이 있다며

두 배, 세 배로 크게 비명을 지르고

더 세게 주문을 외웠다.

그곳에 제일 큰 귀신, 죽음의 귀신이 있으며

자신이 그 귀신과 싸우고 있다고 했다.

죽음의 귀신에게 한번 물리면

그 방에서 살아 나올 수 없다면서….

앞으로 아무도 그 방에 들어갈 수 없을 것 같았다.

아카데미 학생들은 두려움에 떨며 비명을 질렀다.

그 모습이 꼭 이 시간을 즐기는 듯 보였다.

귀신을 무서워하면서도 귀신을 즐기는,

모두가 귀신에 들린 것 같았다.

그 현장에서 나는 무너지는 마음을

주체할 수 없었다.

내가 가지 않으면 아무도 가지 않는다

귀신을 부르는 귀신들의 놀이.

그 속에 붙잡혀 있는 이 땅의 영혼들.

사랑하는 하나님께서 내게 주신 양들.

이들을 이 죽음의 땅에서 구원하실

오직 한 분, 예수님.

그날 밤, 나는 또 한 번 간절히 통곡했다.

"예수님, 우리를 불쌍히 여기소서!

이 민족을 긍휼히 여기소서!

모든 민족이 주의 영광을 보게 될 때

이 땅의 민족을 기억하소서!

모든 민족이 주의 복음을 들으리라

약속하셨사오니

그때 이 민족의 숨겨진 땅 구석구석에도

복음이 울려 퍼지게 하옵소서!"

간절한 소리

여리고에 가까이 가셨을 때에

한 맹인이 길가에 앉아 구걸하다가

무리가 지나감을 듣고 이 무슨 일이냐고 물은대

그들이 나사렛 예수께서 지나가신다 하니

맹인이 외쳐 이르되 다윗의 자손 예수여

나를 불쌍히 여기소서 하거늘

앞서가는 자들이 그를 꾸짖어 잠잠하라 하되

그가 더욱 크게 소리 질러 다윗의 자손이여

나를 불쌍히 여기소서 하는지라

눅 18:35-39

앞을 볼 수 없어 길가에 앉아 구걸하는 사람이
무리가 웅성거리며 지나가는 소리를 들었다.

내가 가지 않으면 아무도 가지 않는다

시각장애인은 앞을 볼 수 없다.

오직 들을 수만 있다.

그런데 사람들이 수군대는 소리가

여느 때와 달랐다.

구걸하던 그도 아마 항간에 떠도는

예수님의 소문을 들었을 것이다.

살면서 한 번도 들어본 적 없는 이야기를.

"사람들이 '메시아'라고 하는 분이 오셨다."

"이스라엘의 구원자이신 그분은

병든 자와 귀신 들린 자,

죽은 자도 살리시는 분이다."

"그분의 말씀은 여느 바리새인의 말과 다르다.

하나님나라에 관해 가르치시고

구원과 복음을 말씀하신다.

수많은 사람이 그분을 따르며 병도 고쳤다."

볼 수 없기에 소리에 민감한 이 사람은

마음속으로 예수님을 만나고 싶었을 것이다.

앞을 볼 수 없기에.

그런데 오늘 이 시간, 예수님이 이곳을
지나가신다는 소식을 사람들의 입을 통해 들었다.
그는 기회를 놓치고 싶지 않았다.
자기 문제를 해결할 유일한 기회니까.
하지만 그는 앞이 보이지 않기에
예수님을 찾아갈 수 없었다.
그분이 어디 계신지도 몰랐다.
그저 예수님이 이 길을 지나가시는 시간이
그에겐 절체절명의 순간이었다.
그래서 지체하지도, 고민하지도, 생각하지도 않았다.
앞을 볼 수 없어 구걸하며 사는 삶이
얼마나 고단하고 괴로운지는 자신만 알았다.

그가 소리를 질렀다.
예수께서 그의 소리를 들으셨는지, 못 들으셨는지,
그의 소리가 작은지, 큰지도 알 길이 없어서
목이 터져라 외쳤다.
또다시 기회가 온다는 보장이 없기에.
그는 죽음과도 같은 자기 인생을
돌아볼 겨를도 없었다.

내가 가지 않으면 아무도 가지 않는다

오직 눈을 떠서 앞을 보고 싶은 간절함뿐이었다.

체면이나 부끄러움도 없었다.

남을 의식하지도 않았다.

살기 위해, 앞을 보기 위해,

더 이상 구걸하지 않기 위해

당장 예수님을, 그분의 기적을 만나는 것,

그 외에는 아무것도 생각하지 않았다.

그래서 외치고 또 외쳤다.

그의 소리가 예수님 귀에 들릴지,

허공에 사라질지 헤아릴 여력도 없었다.

"다윗의 자손이여,

나를 불쌍히 여기소서!

나를 불쌍히 여기소서!"

오직 이 말만 반복했다.

그는 불쌍한 사람이었다.

스스로 생각해도 자신이 불쌍했다.

당시 앞을 못 보는 자는

동물보다도 못한 취급을 받았으니까.

예수께서 들으셨다.

예수님 주위엔 항상 많은 무리가 있었다.

그분이 어디를 가시든, 어디에 거하시든,

수십, 수백, 아니 수천 명이 그분을 둘러싸곤 했다.

그 많은 사람이 예수님 곁에서 잠잠히 있었겠는가.

얼마나 많은 소리가 그분을 감쌌겠는가.

그러나 그 무리의 소리를 뒤로하고

예수님은 한 사람의 소리를 들으셨다.

간절하게 부르짖는 소리, 당신을 찾고 찾는 소리.

그 소리를 들으시고 가던 길을 멈추셨다.

세상 그 누구도 이 앞 못 보는 자의 소리에

귀 기울이지 않았다.

가족도, 친구도 그를 주목하거나 관심 두지 않았다.

그는 죄인 취급 받으며 살아가는

시각장애인일 뿐이었다.

길가에서 누가 적선하지 않으면

하루도 먹고살 수 없는 처지였다.

아무도 그를 주목하지 않았다.

그런 그가 소리를 질렀다.

내가 가지 않으면 아무도 가지 않는다

오늘 만나지 못하면 다시는 못 만날 그 사람,
예수님을 불렀다.
예수님이 이 소리를 들으시고 그에게 물으셨다.

"네게 무엇을 하여주기를 원하느냐?"

'아, 예수님이 들으셨다.
세상 그 누구도 내 목소리를 듣지 않는데
예수님은 들으셨다. 그분을 따르는
무리의 소리 중에서 내 목소리를 들으셨다!'

그의 목소리에는 한이 맺혀 있었다.
덕망 높고 기품 있는 목소리도 아니고,
반듯한 정장 차림에 머리에 기름칠하고
유창한 언어를 구사하는 세련된 목소리도 아니었다.
학식이 높은 유려한 목소리도,
부유한 귀족층의 매끄러운 목소리도 아니었다.
오랜 세월 보지 못하는 아픔을 가진 억울한 목소리,
가난하고 배우지 못해 배고픈 목소리였다.
이 간절한 목소리를 주님이 들으셨다.

삶에 간절함이 사라지면 목소리에 기름이 낀다.
미끈미끈한 기름으로 얼룩진 풍요의 사회,
그 안에 세워진 오늘날의 교회,
그 안에서 주를 찾는 성도의 기름진 목소리.

"모든 일이 잘되게 해주십시오.
건강하게 해주십시오.
자녀가 좋은 대학과 직장에 가게 해주십시오.
논문이 통과되게 해주십시오.
아파트 청약에 당첨되게 해주십시오.
손해 보지 않게 해주십시오.
높은 이자를 받게 해주십시오.
승진하게 해주십시오.
집을 비싸게 팔고, 좋은 땅을 사게 해주십시오."

기름이 좔좔 흐르는 소리다.
주님은 이런 목소리에 관심이 없으시다.
앞을 본다고 하지만
정작 예수님을 보지 못하는 사람이 있는가 하면,
앞을 볼 수는 없지만

내가 가지 않으면 아무도 가지 않는다

예수님을 선명하게 보는 사람,
예수님이 주목하시는 한 사람이 있다.

"네 믿음이 너를 구원하였느니라."

그 시각장애인은
그저 예수님을 간절히 불렀다.
부끄러움도 체면도 없는
간절한 소리 그리고 믿음,
이 믿음이 모든 것을 바꾸었다.

그의 간절함이
지금 내 속에서 소리치는 걸 느낀다.
이 땅에서 그 간절함과 믿음을
소유한 자가 되고 싶다.

마음의 소리

어느 날, 아홉 시간의 산길을 넘어
부탄의 수도 팀푸를 방문했다.
용무를 다 본 후에 아이들이 먹을 만한
냉동 음식과 생필품을 구매하고
다시 긴 산길을 여행해서 돌아와야 했다.

내가 사는 지역에 해가 있을 때 도착하려면
수도에서 새벽 일찍 출발해야 했다.
혼자 운전해서 가는 길이기에
해 지기 전에 산길을 지나야 하기 때문이었다.
혹시라도 도중에 문제가 생기면
오도 가도 못하고 실로 큰일이었다.
차가 고장 나면 고칠 만한 곳도,
도움을 요청할 곳도 없기에

내가 가지 않으면 아무도 가지 않는다

정말 답이 없는 막막한 산길이었다.
아무 문제나 사고 없이 안전하게
도착하는 수밖에 다른 방법이 없었다.
그래도 이 산길에 제법 익숙해져서 다행이었다.
처음엔 고산증 때문에 두려움과 답답함이 컸는데,
이제 조금 긴장은 해도 많이 편안해졌다.

이른 새벽, 짐을 챙기고 떠날 준비를 했다.
차 안에서 찬양을 들으며 주를 노래했다.
차 안은 하나님을 예배하기에 참 좋은 공간이다.
나는 찬 새벽 공기를 마시며 하나님을 예배했다.

"거룩한 그곳에 주님이 계십니다.
나의 영원한 주님이 계십니다.
아름다우신 주님,
죽음을 이기신 영원하신 왕이 계십니다.
죽으시고 부활하신 영광의 왕!"

두 시간쯤 운전하여 첫 번째 산 정상에 올랐다.
이 땅 사람들이 그들의 신을 정성껏 모시는 성지인

크고 웅장한 사찰이 있는 곳.

아침인데도 많은 사람이 모여 의식을 행했고,

주문을 외우고 절을 하며 정성을 다해 공양했다.

나는 다시 차로 이동했다.

이제 산을 내려가야 할 차례였다.

굴곡진 도로를 따라 계속 내려갔다.

난간이 없어서 내려갈 때는 더욱 긴장되었다.

곡선으로 내려가는 차와 곡선으로 올라오는 차.

도로의 거의 모든 구간에서 상대편 차가

시야에 들어오지 않았다.

가까이 접근해야만 맞은편 차선에서

올라오는 차를 인지할 수 있었다.

아침 이슬이 아직 마르지 않았고

비도 조금 내리고 있어

더욱 조심히 운전해야 했다.

한 시간 정도 내려갔을까.

맞은편 곡선 도로에서 큰 화물차가 올라왔다.

내가 화물차를 발견했을 땐

이미 너무 근접해 있었다.

내가 가지 않으면 아무도 가지 않는다

빠르게 브레이크를 밟았지만,

내 차는 내려가는 속도를 못 이기고 미끄러져서

화물차와 정면으로 충돌했다.

내 차는 어떤 옵션도 없이

아주 기본만 갖춘 평범한 경차였다.

그 흔한 에어백도 없었다.

결국 큰 화물차와 충돌을 피할 수 없었고,

그 충격으로 나는 정신을 잃었다.

'여기서 죽는구나.'

잠깐이지만, 이 생각이 빠르게 스쳐 지나갔다.

멀리서 웅성거리는 소리가 희미하게 들렸다.

다행히 지나가던 차가 내 차를 발견한 모양이었다.

그 차의 운전자가 나를 끌어 내리기 위해

차 문을 열려고 하는데, 파손되어 열리지 않았다.

응급차도 없고, 나를 구해줄 어떤 것도 없었다.

나는 한참이 지나서야 정신이 들었다.

차 주위에 여러 사람이 나를 꺼내려 하고 있었고,

결국 차 문을 부수고 나를 꺼내줬다.

그제야 정신이 조금 돌아왔다.

사람들이 내게 말을 걸었다.

내 몸을 살피며 다친 곳이 없는지 물었다.

(그때까지 화물차 운전자는

내가 미동도 하지 않고 있어서

죽은 줄 알고, 운전석에서 나오지 못했다.)

나는 정신을 차리고 차에서 몇 걸음 걸어 나왔다.

차를 보는 순간, 소름이 돋았다.

'아니, 이런 차에서… 살아 나왔다고?'

주위 사람들도 멀쩡하게 걷는

나를 보고 놀랄 수밖에 없었다.

나는 내 몸 여기저기를 더듬으며

문제 있는 곳이 없는지 확인했다.

머리와 가슴에 조금 통증이 있을 뿐

상처 난 곳이 거의 없었다.

보통 이 산골짜기에서 추돌 사고가 나면

골절이나 출혈이 생기는데,

그때 응급 처치를 바로 할 수 없어서
대부분 과다 출혈로 사망한다고 했다.
또 난간이 없어서 차가 산 밑으로 추락하면
시신도 찾지 못하고 사건이 종결됐다.

세 시간이 지나서야 나를 데리러 응급차가 왔다.
나는 응급차에 실려 수도 병원으로 이송됐다.
병원에 도착하자, 의사가 진찰을 시작했다.
그는 청진기를 내 몸에 갖다 대더니
눈을 한 번 비춰 보고 손을 들어보라고 했다.
앉았다 일어나 보라고도 했다.
그러고는 육안으로 아무 문제가 없는 것 같으니
일단 집으로 돌아가라고 말했다.
내가 엑스레이나 CT 등 다른 검사 여부를 묻자,
의사는 검사에 필요한 의료 기구가 없다고 했다.
그러면서 혹시 사흘 내에 구토가 나거나
가슴 통증이 있거나 심한 두통이 오면,
밤이든 새벽이든 곧바로 병원으로 오라고 했다.
그대로 두면 상태가 심각해질 수 있다고,
그러니 최소 사나흘은 반드시 안정을 취하며

몸 상태를 지켜보라고 당부했다.

나는 병원에서 나와 팀푸의 숙소로 돌아왔다.
아직 정신이 혼미해서 꿈인가 생시인가 싶었다.

'왜 내게 이런 일이 일어났을까?'

살면서 교통사고는 처음이었다.
이런 사고를 낸 적도, 당해본 적도 없었다.
충돌 당시의 큰 충격이 몸에 고스란히 남아 있었다.
정신이 조금씩 돌아오자
아내에게 전화를 걸어 사고 소식을 알렸다.
아내는 너무 놀라서 말을 잇지 못했지만,
한편으로는 내가 멀쩡히 전화하니
큰 사고가 아닐 거로 생각하는 것 같았다.
(나중에 아내는 사고 차량 사진을 보고
충격을 받았다.)

그 후 사고 난 차는
수리하지 못할 만큼 파손되어 폐차했다.

그날 저녁,
잠시 눈을 감고 마음을 정리하는데
주님의 음성이 내 마음에 들렸다.

'가서 복음을 전하라.
누가 너를 살렸는지 그들에게 전하라.'

순간 정신이 번쩍 들었다.
강렬한 메시지가 내 마음에 전해졌다.

아무 생각 없이 멍했던 몸속 세포 하나하나가
한 번에 깨어나는 느낌이었다.
나는 그 자리에서 무릎을 꿇었다.
주의 말씀이 내 마음에 요동쳤다.

'전능하신 하나님이 이 땅의 주인이시다.'

너무도 생생한 그 소리에
주저할 수도, 머뭇거릴 수도 없었다.

나는 곧장 협회 직원에게 전화를 걸어
내일 내가 사는 지역으로 내려가겠다고 말했다.
직원은 매우 놀라며 안 된다고 말렸다.
병원에서 최소 사나흘은
경과를 지켜보라고 하지 않았느냐고,
수도에서 머무는 동안
아무 문제가 없으면 그때 내려가라고 했다.
내가 그에게 말했다.

"어차피 내게 증상이 나타나도

이곳에서는 고칠 수 없지 않나?

만일 어떤 증상이라도 나타나면

내게 큰 문제가 생기는 건데,

그 전에 아내와 아이들이라도 봐야 하지 않겠나?"

전화로 직원을 설득했다.

나는 이곳 팀푸에 있을 이유가 없었다.

주께서 말씀하신 대로 가서 복음을 전해야만 했다.

여기서 사나흘, 아니 단 하루도 지체할 수 없었다.

내 마음은 불처럼 타올랐다.

귀신에 종노릇하는 사람들,

예수를 귀신의 왕으로 알고 있는 이들에게

살아계신 하나님께서

직접 말씀하고자 하시는 게 강하게 느껴졌다.

그날 밤,

고동치는 심장을 진정시킬 수 없었다.

복음의 소리

나를 살리신 분이 누구인가?

내가 겪은 사고는 이곳 사람들에게
하나님이 누구신지 알리고자
그분께서 허락하신 이벤트였다.

다음 날 새벽,
협회 직원이 승합차를 몰고 왔다.
그는 내게 며칠 더 수도에 머물 것을
재차 요구했지만,
나는 그를 강경하게 설득하여 끝내 차에 올랐다.
어제 왔던 길을 지나면서 사고 현장을 둘러보았다.
그리고 또다시 아홉 시간의 긴 산길 여행을 시작했다.

내가 가지 않으면 아무도 가지 않는다

다섯 시간 정도 지났을까.

갑자기 속 깊은 곳에서부터 메슥거렸다.

멀미 같지는 않았다.

배 속에서 시작된 증상은 점점 위로 번졌다.

아랫배에서 윗배 그리고 가슴 위,

목을 타고 올라왔다.

순식간의 일이라 뭐라 표현할 수도 없었다.

이후 목을 지나 머리에까지 다다랐고

급기야 두통이 시작됐다.

이렇게 심한 두통은 난생처음이었다.

마치 큰 바위 두 개가

양쪽에서 머리를 때리는 느낌이었다.

협회 직원이 나를 보더니 어디가 아픈지 물었다.

나는 대답할 수조차 없었다.

너무 고통스러워서

두 손으로 머리를 감싸 쥐고만 있었다.

'아, 의사가 우려한 증상이 바로 이거구나.'

머리가 두 조각으로 깨질 것만 같았다.

"아, 주님!"

그저 주님만 애타게 부를 뿐이었다.
이미 다섯 시간을 왔기에 돌아갈 수도 없었다.
어마어마한 불안감이 온몸을 감쌌다.
안간힘을 쓰며 고통을 견디는데
갑자기 머릿속에 말씀 장 절이 떠올랐다.

'마태복음 21장 22절.'

무슨 말씀인지 생각나지 않아
후들거리는 손으로 휴대전화를 꺼내
성경 앱에서 말씀을 찾았다.

너희가 기도할 때에
무엇이든지 믿고 구하는 것은
다 받으리라 하시니라

내가 가지 않으면 아무도 가지 않는다

나는 즉시 아픈 머리에 손을 대고
기도하기 시작했다.
잠시 후, 기도하던 손을 머리에서 떼자
끔찍한 통증이 쑥 내려가기 시작했다.
머리에서부터 목, 가슴, 아랫배까지
순식간에… 사라졌다.

'이럴 수가!'

더 이상 아무 고통도 없었다.
나는 눈물을 멈출 수가 없었다.
이 모든 일이 주께로부터 온 것임을
내게 다시 한번 확인시켜 주시는 신호였다.
예수님을 귀신으로 믿는 귀신 왕국 사람들에게
나를 살리신 하나님을 전하러 가면서
내가 두려워하고 의심하고 약해질까 봐,
내 믿음이 흔들리지 않고 더욱 굳건해지도록
하나님의 거룩하심과 인도하심을 보여주시는 표증.

네 시간을 더 달려서 마침내 집에 도착했다.

아내와 아이들은 걱정과 기쁨 가득한 얼굴로
나를 맞이했다.
여전히 내가 가족의 품에 있다는 게
감사하고 놀라웠다.

나는 아내에게 당장 학생과 직원들을 만나러
아카데미에 간다고 말하고, 성경책을 집어 들었다.
성경책을 들고 그들을 만나는 건 처음이었다.
나는 단숨에 아카데미로 달려갔다.

그곳엔 학생과 직원 칠십여 명이 있었다.
그들은 어제 내게 큰 사고가 났다는 것만 알 뿐
오늘 내가 오는 줄은 몰랐다.
정문에 들어서자, 순식간에 모든 학생과 직원이
맨발로 달려 나와 나를 반겼다.
내 안부를 묻고 몸을 더듬으며
정말 나인지를 확인했다.
그들은 놀란 표정을 감추지 못했다.
산에서 그런 사고를 당하고
멀쩡히 살아 돌아온 사람을 만나본 적이 없으니까.

나는 모두를 한곳에 모았다.
내 손에는 성경이 들려 있었다.
나는 학생과 직원들에게
어제 내게 무슨 일이 있었는지를
이야기하기 시작했다.

"어제 나는 특별한 경험을 했다.
너희를 빨리 만나고 싶어서
이른 새벽부터 산을 넘다가
화물차와 충돌해 의식을 잃었고,
주변 사람들은 미동도 없는 내가
죽었다고 생각했지.
그런데 나는 상처 하나 없이 지금 너희 앞에 서 있다.
나는 어젯밤 나의 하나님,
너희가 '귀신의 왕'이라고 부르는 예수님을 만났다.
그분이 나를 죽음에서 살리셨고,
그 예수님이 누구신지에 대해
너희에게 전하라고 하셔서
이렇게 한걸음에 달려왔다."

그리고 성경을 펼치며
이 책이 어떤 책인지 설명했다.
나는 이어서 말했다.

"이 자연은 스스로 만들어지지 않았다.
천지 만물은 주인이 있고, 창조자가 있다.
너희가 믿는 신 중에
누가 이 천지를 창조했다고 하더냐?
성경은 창조주이신 하나님이
온 천지를 창조하셨고,
우리 인간을 창조하셨다고 말씀한다.
창조의 역사는 오직 성경에만 기록되어 있다.

그 하나님이 창조하신 우리 인간이
하나님을 배반하고 죄를 선택해서
오늘날 너희처럼 헛된 신을 믿고 섬기며
귀신의 존재를 무서워하게 되었다.
창조물인 인간이 하나님을 거역하고
죄를 선택한 것이 바로 그 시작이었다.
죄를 짓고는 하나님께로 갈 수 없으니 말이다.

내가 가지 않으면 아무도 가지 않는다

오늘날 세상은 너희처럼 우상을 섬겨
귀신들의 놀이터가 되었지만,
우리를 사랑하시는 하나님께서는
우리 죄를 대속하시기 위해 우리에게 오셨다.
바로 하나님이 사람이 되심으로써.
그분이 너희가 알고 있는 예수님이다.
사람들은 하나님이 보이지 않는다고
자기가 생각하는 신의 형상을 만들어
그것을 하나님이라 믿고 우상으로 섬기고 있다.
그로 인해 오늘날 수많은 거짓 신들이 생겨났고,
그들이 너희를 지옥의 불구덩이로 데려가고 있다.

그래서 하나님의 살아계심을 증거하기 위해,
우리의 죄를 깨끗게 하고 우리를 구원하시기 위해
하나님이 사람의 모습으로 이 땅에 오셨다.
그분이 바로 예수님이시다.
그분은 귀신의 왕이 아니라 '만왕의 왕'이시다.
예수님은 이 땅에 오셔서
그분을 믿는 모든 사람을 구원하셨다.
그리고 우리를 위해 친히 십자가에서 죽으셨다.

그분의 죽음이 아니면
우리가 구원받을 방법이 없기 때문이다.
그것이 바로 '사랑'이다.
너희가 믿는 신 중에
너희를 위해 죽음을 택한 신이 있더냐?
아니, 도리어 너희를 영원한 지옥으로 몰아넣고
너희 영혼을 죽이는 신만이 존재한다.
그러나 과연 하나님이 죽으실 수 있을까?
아니, 하나님은 죽으실 수 없다.
예수님이 십자가에 달리시기 전부터
그분은 이미 약속하셨다.
사흘 만에 다시 살아날 거라고.
그분은 이스라엘 모든 사람이 보는 앞에서 죽으셨고,
약속하신 대로 사흘 만에 부활하셨다.
죽음에서 살아나심으로써 예수님이 하나님이심을
모든 사람에게 증거로 보여주셨다.
그리고 예수님은 다시 오겠다고 약속하셨다.

그래서 우리가 살아 있는 동안,
그분이 오시기 전까지 우리에게는

예수께 구원받을 기회가 있다.

그것이 진정한 '구원'이다.

그 하나님께서 어제 나를 죽음의 사고에서 살리셨고,

너희에게 이 기쁜 소식을 전하라고 이곳에 보내셨다.

하나님은 우리의 생명을 주관하신다.

너희가 귀신의 장난에서 해방될 수 있는

유일한 길은 예수님을 믿는 것이다.

너희가 믿는 그 신들은 너희를 구원할 수 없다.

생명의 주관자는 오직 하나님뿐이시다.

그 하나님이 사람 되어 오신 분이 예수님이시다.

그래서 우리는 예수님으로만 구원받을 수 있다.

다른 길은 없다.

인간의 마음은 그 어떤 것보다 타락했다.

귀신이 하나님 없는 인간의 마음에 들어와

주인이 되었기 때문이다.

그러나 귀신도 만왕의 왕이신

예수님을 알아보고 벌벌 떨며 도망간다.

예수님은 우리 마음의 주인이 되시기 위해

이 땅에 오셨다.

하나님이 사람이 되어 이 땅에 오셔서
우리의 눈으로 확인하고 보게 하셨다.
우리에게 영원한 창조의 하나님을 보여주신 것이다.
너희가 예수님을 마음으로 믿고
입술로 그분을 구주로 고백하면, 구원을 주신다.
귀신이 아니라, 예수님이 너희 주인이 되어주신다."

나는 오랜 시간 성경 말씀으로 복음을 전했다.
그전에는 '예수'라는 이름만 나와도
귀신이라고 떠들던 학생들이
단 한 명도 눈을 돌리지 않고
집중해서 이야기를 다 들었다.
아무도 대꾸하지 않고,
아무도 고개를 돌리지 않았다.
이 나라는 그들 종교 외에
어떤 종교도 허용하지 않기에
법으로 포교 활동을 금하고 있다.
그런데 그날 그곳에 모인 이들은 처음으로
성경이 말씀하는 예수님이 누구신지를 들었다.

내가 가지 않으면 아무도 가지 않는다

나는 이야기를 마친 뒤,
기도로 모두를 축복해 주었다.
그리고 집으로 돌아와
어제오늘 일을 아내와 나누며,
예수님이 우리를 이 땅의 '처음 교회'로
부르신 것을 상기했다.
우리는 주의 성령이 거하시는 성전이다.
우리가 곧 처음 교회요, 주의 몸 된 성전이다.
우리 안에 거하시는 성령님이
당신의 나라를 위해 우리를 교회 삼으시고,
이 교회를 통해 복음을 전하고 또 전하신다.

'내가 살아나리라.'
'너희가 나와 함께 살아나리라.'
'마지막 날에 내가 살리리라.'

나의 메마른 영혼에 주께서 말씀하신
이 놀라운 축복은 오직 그리스도 안에 있다.
그분은 나를 살리시고 또 살리시는 분이다.

이후 아카데미 학생들은 더 이상
예수님을 '귀신의 왕'이라고 부르지 않았다.
도리어 어떤 이들은 내가 말한 내용 중에
궁금한 것을 와서 물었다.
어떻게 하나님이 사람이 되어 이 땅에 올 수 있는지,
왜 굳이 십자가에서 죽으셔야만 했는지,
예수님이 부활하신 게 정말 사실인지.
학생들과 이런 대화를 나눌 수 있는 게 기적이었다.
나는 차근차근 설명하고 또 설명해 주었다.

어느 날, 한 학생이 와서
성경책을 구할 수 있는지 물었다.
나는 급히 한국의 지인에게 영어 성경을 부탁했고,
그는 이 먼 곳까지 보내주었다.
나는 여러 종류의 성경을 학생들에게 나눠주었다.
어떤 학생과는 요한복음을 같이 읽으며
그 내용을 함께 묵상하고 나누었다.

이곳이 귀신 왕국에서
하나님 왕국으로 변하고 있다.

내가 가지 않으면 아무도 가지 않는다

하나님은 사람이 되실 수 있다

예수님은
살아계신 하나님이 사람이 되신 분이다.

우리에게 영원히 살아계심을 보이시려고
사람의 모습으로 이 땅에 오셨다.
우리 인간의 눈으로
하나님의 영광을 볼 수 있도록
하나님의 아들이 되셔서 그분의 땅에 오셨다.

사람은 하나님이 될 수 없지만
하나님은 사람이 되실 수 있다.

그분은 성경에 기록된
하나님의 모든 사랑을 우리에게 보여주시고,

우리를 죽음의 두려움과 고통에서 구원하시려고
죽음을 이기고 부활하셨다.
완전한 인간이 되셔서 우리의 죽음을 경험하시고,
그 죽음에 종노릇하는 인간을
구원하사 새 생명을 주셨다.

그 생명은 이 땅의 생명이 아니다.
우리 육체는 언젠가 병들고 썩는다.
그분은 이 땅의 삶을
전부로 알고 살아가는 사람들에게
우리가 가게 될 하나님의 왕국,
육체의 죽음 이후의 세계를
말씀하사 보여주셨다.

인간은 죽음을 이길 수 없다.
죽음은 죄인의 결말이다.
그런데 예수님이 부활하셨기에
이제는 죽음이 우리를 이길 수 없다.
이것이 예수 부활의 능력이다.

내가 가지 않으면 아무도 가지 않는다

예수님의 부활이 마음으로 믿어지면

우리는 그리스도와 함께

영원한 처소에서 살게 된다.

예수께서 이르시되

너는 나를 본 고로 믿느냐

보지 못하고 믿는 자들은

복되도다 하시니라

요 20:29

숨겨진 교회

이 일을 위하여
내가 쇠사슬에 매인 사신이 된 것은
나로 이 일에 당연히 할 말을
담대히 하게 하려 하심이라

엡 6:20

하나님께로부터 받은 사명을 위해
바울은 힘에 부치도록 자기 몸을 하나님께 드렸다.
그 일을 마지막까지 잘 감당할 수 있도록
기도를 부탁하는 그의 심정을
나는 조금씩 알아가고 있다.

그는 감옥의 고통스러운 환경을
불평하거나 한탄하지 않았다.

다만 자신이 복음을 위해

"쇠사슬에 매인 사신"이 되었다고 고백했다.

이를 통해, 그 어떤 환경이나 고난도

주께서 그에게 주신 사명을

꺼뜨리거나 막을 수 없었음을 배운다.

그는 사명을 담대히 완수하기 위해

처참한 환경에서도 자신에게 주어진

그 당연한 일을 늘 상기했다.

"당연히 할 말"은 복음의 비밀을 알리는 임무,

식지도 꺼지지도 않은 바울의 사명이었다.

주께서 내게도 주신 그 당연한 사명이

과연 내 속에서 꺼지지 않고 살아 있는지 돌아본다.

주위 환경을 원망하지는 않는지,

내 연약함을 구실 삼아 타협하고 있는 건 아닌지,

쉽게 가려고 스스로 발걸음을

무겁게 하지는 않는지,

익숙한 일을 익숙하게만 하려고

잔머리 쓰는 건 아닌지,

영혼을 보지 않고 겉 사람만 보지는 않는지,

내 마음 중심이 다른 데 있는 건 아닌지.

내게 주신 사명을 잊지 않고
그 사명의 불씨를 꺼뜨리지 않을 때,
비로소 나는 바울의 고백처럼
쇠사슬에 매인 사신이 될 수 있다.

하나님이 주선하신 놀라운 만남이 있었다.
내가 다른 나라에서 경기가 있어서
출타 중이었을 때의 일이다.
처음에 아내와 아이들은
나 없이 이곳에서 생활하는 걸 불편해 했다.
하지만 이제는 내가 없어도 아무 어려움이 없다.
아내는 일주일에 한 번 장이 서는 날, 시장을 본다.
평소에는 내가 함께 다녀오지만
내가 없으면 아이들을 데리고 간다.
시장은 멀지 않지만, 구매한 물건이 많아서
택시를 타고 다녀야 한다.
그런데 택시 잡기가 여간 어려운 게 아니다.

내가 가지 않으면 아무도 가지 않는다

그날도 아내와 아이들은 한참을 기다리다가
어렵게 택시를 잡아 탔다.
아내가 앞에 타고 아이들은 뒤에 타고 가는데,
운전기사가 우리 가족이
이 시골의 유일한 외국인임을 알았는지,
갑자기 듣던 음악을 끄더니
다른 음악으로 바꾸었다고 한다.
어디서 많이 듣던 음악이 흘러나왔다.
알고 보니, 우리나라에도 번안되어
많이 불리는 외국 복음송이었다.
뒷좌석에 있던 큰아이가 먼저 듣고는
놀라서 소리를 질렀다.
아내는 가슴이 뛰어서 아무 말도 못 하다가
기사에게 혹시 이 노래를 아냐고 물었다.
그는 당연히 안다며 매일 이 노래를 부른다고 했다.

순간, 아내는 그가 이단이나
정령 숭배자가 아닌지 의심이 들었다고 한다.
그도 그럴 것이, 이곳에서 찬양을 듣는
기독교인을 만난다는 건

상상도 할 수 없는 일이기 때문이었다.
외국인이든 선교사든 관광객이든
누구도 쉽게 들어올 수 없는 오지 중의 오지,
이 정글 같은 곳에 예수님을 믿는 사람이 있다니!
아내가 기사에게 다시 물었다.

"당신은 기독교인인가요?"

그러자 그가 분명한 어조로 대답했다.

"나는 예수 그리스도가 하나님이시며
우리를 위해 사람의 몸으로 오셔서 죽으셨고
부활하셔서 구원과 생명을 주신 분임을
믿고 있어요."

너무 명확하고 구체적으로
예수님에 대한 믿음과 신앙을 고백하는
그의 말에 아내는 귀를 의심했다.

'진짜인가?'

그래서 아내는 조심스럽게
이곳에 교회가 있는지를 물었다.
기사는 당연히 교회가 있으며,
매 주일 교회에 모여 예배를 드린다고 했다.
아내는 흥분을 감추지 못했고
그에게 연락처를 물었다.
그리고 얼마 후, 내가 집으로 돌아오자
그 택시 기사를 만난 이야기를 해주었다.
나도 처음에는 믿을 수 없었다.
이곳에 예수 믿는 사람이 있다는 것 자체가
불가능해 보였다.

'그뿐 아니라 교회도 있다니!'

내가 몇 번을 다시 묻자
아내는 기사의 연락처를 건네주며
전화해 보라고 했다.
나는 기다릴 수 없어서 바로 전화를 걸었다.
몇 번의 통화 연결음 끝에
한 남성의 목소리가 들렸다.

나는 자초지종을 설명한 뒤, 그와 통화를 시작했다.
정말 교회가 있다는 그의 말에
이번 주일에 같이 갈 수 있는지를 물었다.
그가 흔쾌히 좋다고 했다.
나는 반드시 확인하고 싶었다.
떨리는 마음으로 주일까지 기다렸다.

주일이 되어, 우리 가족은 그를 시내에서 만났다.
택시 기사는 우리에게 자기 차를 따라오라고 했다.
그의 차가 큰 도로를 달리다가
작은 숲길로 들어갔다.
차 한 대만 간신히 지날 수 있는 좁은 길이었다.
순간, 섬뜩한 생각이 들었다.

'이런 깊은 숲속에 교회가 있다고?'

긴가민가했지만,
나는 아내와 아이들을 태우고
숲속으로 한참 들어갔다.
저 멀리 집이 한 채 보였다.

내가 가지 않으면 아무도 가지 않는다

그리고 밖으로 울려 퍼지는 찬양 소리가 들렸다.

'진짜 교회네!'

귀에 익숙한 찬양이었다.

틀림없이 교회였다.

교회 안에는 아이들과 청소년, 장년,

할아버지와 할머니, 모든 세대가 모여서

하나님을 예배하고 있었다.

그 수가 꽤 많았다.

그러나 사람 수가 중요한 게 아니었다.

이 땅에 숨겨진 교회가 있다는 사실이 중요했다.

나는 뛰는 가슴을 진정시킬 수 없었다.

마치 예수님을 눈앞에서 본 것처럼

그 감격을 말로 형용할 수가 없었다.

전 세계에서 가장 구석진 나라 중 하나,

세상에서 숨겨진 땅, 그곳에서도

깊고 깊은 산속 마을에 교회가 있다니!

우리 아이들과 매일 이 땅에 복음이 전해지길,

교회가 생기기를 기도한 지 정확히 사 개월 만에
주님은 숨겨진 교회를 만나게 하셨다.
예배 중간에 성도들이 간증을 나누었고,
목사님의 말씀 그리고 찬양이 이어졌다.
모두 전심으로 예배를 드렸다.
한 사람 한 사람의 간증이 살아있는 증거였다.
얼마나 놀랍고 기쁘고 행복한 순간이었는지!

주님은 오래전부터
이 땅에 교회를 만들어 놓으셨다.
가난하고 소외된 이들이지만,
하나님의 사람들이 세대를 이어가며
십자가 구원을 기뻐하면서
한데 모여 아름다운 예배를 드리고 있었다.
이 땅의 진정한 '처음 교회'에서
가슴 벅찬 예배를 드리고 나서,
나는 목사님과 교회 리더들과 만나서 교제했다.
그들 역시 우리의 존재에 대해
놀라고 감사하며 흥분을 감추지 못했다.
우리는 이 교회에 방문한

내가 가지 않으면 아무도 가지 않는다

최초의 외국인이자 선교사였다.
그들을 보자 스스로 '선교사'라고
소개하는 게 부끄러웠다.

'진정한 선교사들이 여기 있었구나!'

교인 한 사람 한 사람의 얼굴에서
이 땅의 여느 사람들에게서는 찾아볼 수 없는
겸손과 온유와 사랑이 넘쳐흘렀다.
누구 하나 시간을 묻지 않았고
모두가 기쁨으로 예배에 임했다.
멋지고 세련된 옷을 입은 사람은 없었다.
하나같이 시골에 사는 이들의 순수함이 묻어났다.
그들은 소박한 일상복을 입고 모여서
하나님을 마음 다해 예배했다.

나는 궁금한 게 너무 많았지만,
차차 듣기로 하고 흥분되는 마음을 가라앉혔다.
그런데 목사님이 대뜸 내게 부탁했다.

"다음 주에 말씀을 전해주십시오."

'내가 이런 분들에게 말씀을 전할 자격이 있나?
도리어 이 아름다운 사람들의 말씀을
내가 들어야 하는 게 아닌가?'

잠시 이런 생각이 스쳤지만,
목사님의 요청이 이 진정한 처음 교회를
만나게 해주신 주님의 음성이라고 믿었다.

이 민족의 구원과 복음 전파를 위해 매일 기도하자
주님이 보여주신 이 땅의 숨겨진 처음 교회.
그곳에 내가 전하는 복음이
놀라운 구원의 능력으로 임하기를 기대해 본다.

한 사람의 순종

이 천국 복음이

모든 민족에게 증언되기 위하여

온 세상에 전파되리니

그제야 끝이 오리라

마 24:14

너희는 온 천하에 다니며

만민에게 복음을 전파하라

막 16:15

"이 복음이 만민에게 전파되어야 내가 오리라!"

우리의 의로움이 아닌

하나님의 의로우심이 나타나는 순간이다.

하나님의 열심으로 당신의 구원을
온 이방 족속에게 전하게 하시겠다는
그 약속은 계속 진행 중이다.

예수 믿는 사람이 단 한 명도 없을 거란 생각으로
지난 삼 년을 이 오지 중의 오지에서 지냈지만,
하나님의 생각은 내 생각과 달랐다.
선교는 사람이 하는 것이 아니라
하나님이 직접 하신다.
바알에게 절하지 않은 칠천 명이
아무도 없을 거로 예상했던 이 땅,
선교사가 들어와 본 적 없는 이 땅에
아주 오래전, 수많은 핍박과 환난과
고난을 겪으며 처음 교회가 세워졌다.
교회의 역사는 하나님의 역사다.

며칠 후, 나는 목사님을
집으로 초대해 교제를 나누었다.
교회가 어떻게 생겼는지가 가장 궁금했다.
목사님은 나이가 지긋하심에도 힘이 넘쳤다.

그는 이 지역에서 나고 자라서

고등학교 졸업 후 인도로 유학을 갔다고 한다.

고향은 너무 지루하고 삭막하며

미래가 없어 보여서였다.

마치 시골 청년이 도시로 떠나듯이

그는 부모의 만류에도 도망치듯 고향을 떠났다.

그리고 낯선 땅에서

배를 주려가며 공부하던 어느 날,

예수님이 이 청년을 찾아오셨다.

거부할 수 없는 주님의 부르심에 청년은 응답했다.

그 감격이 이루 말할 수 없었다고 한다.

이후 그는 예수님을 더 깊이 알고 만나며

인도의 한 신학교에 입학했다.

졸업을 앞두고 기도하는데

주께서 그에게 고향으로 돌아가라고 하셨다.

도시의 자취는 조금도 찾아볼 수 없는

아주 고리타분한 고향 땅,

바로 지금 내가 있는 이 오지로 말이다.

이 땅이 싫어서 도망친 청년에게

주님은 다시 돌아가라고 하셨다.

목사님은 순종했다.
사십여 년 전, 목사님이 돌아왔을 당시
이 나라는 정권의 탄압과 종족 갈등의
불안이 최고조였고, 종교 탄압도 매우 심했다.
그는 누구보다 조국과 고향의 사정을
잘 알았기에 다른 지역으로 가고 싶었지만,
주님의 부르심이 너무 강하고 명확해서
학교를 졸업하고 곧장 이 땅으로 왔다고 한다.
사역을 시작해야 하는데 교회도 없고,
동료도 없고, 믿는 사람은 더더욱 없었다.
더구나 종교 탄압으로
어떤 사역도 마음대로 할 수 없었다.

그러던 중, 이 나라의 수많은 미전도 종족,
곧 종교 탄압이 있는 도시를 떠나서 산에 사는
산족에게 복음을 전해야겠다는 생각이 들어
그들을 찾아 산을 오르기 시작했다.
하지만 워낙 깊은 산 속이라

내가 가지 않으면 아무도 가지 않는다

길도 없고 방향도 알 수 없었다.
몇 시간이나 없는 길을 만들어서 가야 했다.
우여곡절 끝에 산족을 만나 예수님을 전하려는데
산족만의 언어가 있어서 말이 통하지 않았다.
그래서 사람을 만나도 복음을 전할 길이 없었다.

그때 목사님이 생각해 낸 아이디어가 '예수 영화',
곧 예수님에 관한 영화를 보여주는 거였다.
그러기 위해 '예수 영화'와 작은 발전기를 구해서
나귀에 싣고 산속 마을을 찾아다녔다고 한다.
그러다 산족을 만나면 발전기를 돌려서
그 자리에서 영화를 상영했다.
그렇게 산속을 누비며 복음을 전하던 중,
마을 사람 하나가 경찰에 신고하는 바람에
종교법에 따라 재판도 받지 않고 징역을 살았다.

교도소에서 몇 년간 죽을 고생을 했지만,
목사님은 출소하자마자 다시 산족에게로 갔다.
또 고발당하면 다시 교도소로 가야 했지만
그는 이런 생각을 했다고 한다.

'내가 가지 않으면 아무도 가지 않을 것이다.
하나님께서 스스로 인간이 되어 이 땅에 오셨고
처절하게 인간의 고통을 당하셨는데,
나의 이 고통은 예수님이 겪으신 것과
비교할 수 없다!'

그러고는 다시 나귀에 발전기를 싣고
길이 없는 산에서 전도를 시작했다고 한다.
이후 감사하게도 산족 중에 예수 믿는 사람들이
하나둘 생기기 시작했고,
몇 년 후부터 그들이 모여 목사님의 사역을 도왔다.

또한 목사님은 병원을 찾아다니며
삶의 소망을 잃은 사람들에게
예수님의 이름으로 기도해 주었다.
다른 종교임에도 거부하는 사람이
한 사람도 없었다고 한다.
놀랍게도, 환우를 위해 기도하는 중에
기도의 응답으로 수많은 사람이
치유되고 완치되는 기적의 역사가 있었다.

하루하루 복음의 역사가 기적처럼 일어났다.
산족과 아픈 환우들이 복음을 듣고
예수님의 구원의 축복을 믿었고,
이 땅의 '처음 성도'가 되었다.
소외되고 버림받은 사람,
못 배우고 환란 가운데 있는 사람들이 모여
공동체를 이루고 마침내 교회가 세워졌다.
주일이면 산족과 환우들이
이 작은 교회에 모이기 시작했다.
그들이 기도하고 예배하고 전도하며
수십 년이 흘렀다.
한 사람의 순종으로 주님의 교회가
이 땅에 세워진 것이다.

성도 수가 늘고 성도의 믿음이 자라면서
산속 교회에는 복음의 기쁨과 감사가 넘쳐났다.
하지만 그마저도 오래가지 못하고
또다시 종교 경찰에게 발각되어
목사님은 재판에 넘겨졌고 결국 투옥되고 말았다.
그런데 놀라운 일이 일어났다.

목사님이 감옥에서 수년을 보내는 동안,
성도들이 모여 삶을 나누고 기도하며
예배를 이어간 것이다.
그 가운데 수많은 개종자도 생겨났다.
마치 로마의 초대교회처럼
그들은 종교 경찰의 눈을 피해 가며
주님을 믿고 따르는 삶을 포기하지 않았다.

하지만 예수님에 대한 소문이 퍼지면서
마을에는 크고 작은 충돌도 있었다.
한 가정 안에서 예수 믿는 아내와 믿지 않는 남편,
예수 믿는 자녀와 믿지 않는 부모 사이에
갈등이 생기기도 했다.

그로 인해 마을 사람들이 석방된 목사님을 찾아와
그 마을을 떠나달라고 요구했고,
급기야 목사님은 마을에서 추방당하기도 했다.
그럼에도 믿는 자들의 수는 늘어났고
복음은 후대에 계속 전해졌다.

내가 가지 않으면 아무도 가지 않는다

목사님의 사십 년 선교 이야기는
글로 다 담을 수 없을 만큼 눈물겨웠다.
죽음의 문턱에서 살아나고,
죽을 만큼 구타를 당하는 탄압에서 구출되고,
끈질긴 핍박과 고통의 시간을
오직 믿음과 부르심으로 통과한 세월.
그의 이야기를 듣는 내내 마음에서 불이 났다.
현대판 사도행전을 보는 듯했다.
한 사명자의 순종과 헌신으로
이 오지 산골짜기에 진정한 처음 교회,
살아있는 교회가 세워졌으니까.

산속 교회의 외관은 별 볼 일 없었다.
너무 초라하고 궁색했다.
그런데 여느 교회와는 확연히 달랐다.
생명이 있고, 사랑이 있고, 복음이 있고,
순결함이 있고, 헌신이 있었다.
성도들이 하나님을 온 마음으로 예배했다.

'이런 순결한 사람들을 어디서 또 만날 수 있을까!'

완전하신 하나님, 완전한 복음은
분명히 모든 민족에게 전파될 것이다.
온 민족과 열방이 주를 부르고
그 앞에 무릎 꿇게 될 것이다.
영원하신 왕께 열방은 물 한 방울과도 같다.

나는 다시 하나님 앞에 고개를 조아린다.
그 위대하신 분 앞에 나를 굴복시킨다.

"부활하시고 살아계신 예수님의 구원이
오늘, 이 땅에도 임하십니다!"

도마의 고백

도마가 대답하여 이르되
나의 주님이시요
나의 하나님이시니이다

요 20:28

"나의 주님이시요, 나의 하나님이시니이다!"

흘러내리는 눈물이 멈추지 않는다.
꿈인가, 환상인가?
지금 내가 누구를 보고 있는가?
온몸에서 흐르는 눈물과 땀을
닦으려 해도 닦을 수가 없다.

"정말 예수님 당신이십니까?"

나는 오늘 나의 하나님을 만났다.

지난 삼 년 반 동안,

이분과 함께 먹고 마시고 울고 웃으며

한 공간에서 세월을 보냈다.

하지만 이분이 누구신지 알아보지 못했다.

하나님이 사람이 되어 오신 분,

죽은 자 가운데 부활하신 분.

그분이 수없이 하나님나라 복음을 말씀하셨지만

나는 그 말을 이해하지 못하는 의심 많은 자였다.

내 눈으로 보고, 내 손으로 만져보고,

내 몸으로 느끼고, 내 피부로 경험해야만 했다.

직접 예수님의 손과 옆구리를

만져봐야 할 것 같았다.

그러지 않고는 도저히 믿을 수가 없었다.

'하지만 죽은 사람을 어떻게 만지나?'

분명히, 분명히

예수님이 십자가에서 돌아가신 걸 봤다.

잡히신 후 돌아가시기 직전까지
고문당하고 처절하게 십자가를 지고
언덕을 오르시는 걸 봤다.
십자가에서 그분의 숨이 끊어진 것을,
옆구리에서 피와 물이 쏟아진 것을,
내가, 아니 예루살렘의 모든 사람이
두 눈으로 똑똑히 보았다.

'그런데 어떻게 죽은 자가
사흘 만에 다시 살아날 수 있지?'

의심할 수밖에 없었다.
다른 제자들이 예수님을 만났다고,
그분이 살아나셨다고 했지만
잘못 봤거나 귀신을 본 거로 생각했다.
두려워하는 나를 놀린다고 생각했다.

그런데…
내 눈과 손이 의심스럽지만,
지금 내 앞에 계신 이분이

지난날 나와 함께하셨던 그 예수님이 맞았다.
눈가의 미소와 인자한 목소리,
말씀에서 묻어나는 사랑과 그 따뜻한 손길.
하나도 변하지 않으신 나의 예수님이셨다.
눈앞에 진짜로 그분이 나타나셨다.
십자가에 달리시기 전 모습 그대로.
정말 약속대로 살아나셨다.
우리 조상 때부터 믿고 섬겨온 유일하신 하나님,
그분이 사람의 모습으로 우리에게 오신 거였다.
세상에 이럴 수가….

나의 믿음 없는 부끄러운 과거가
다 들통난 것 같아 마음이 진정되지 않았다.
꿈을 꾸는 것인지, 정말 사실인지….
그제야 지난 삼 년간 예수님이 하신 말씀이
주마등처럼 스치며 생생히 떠올랐다.

"나는 부활이요 생명이니
나를 믿는 자는 죽어도 살겠고
무릇 살아서 나를 믿는 자는

내가 가지 않으면 아무도 가지 않는다

영원히 죽지 아니하리니 이것을 네가 믿느냐."

"인자가 장차 사람들의 손에 넘겨져
죽임을 당하고 제삼 일에 살아나리라."

"나와 아버지는 하나이니라."

"나를 보는 자는
나를 보내신 이를 보는 것이니라."

도마의 마음이 이렇지 않았을까?

삼 년 넘게 예수님을 따라다니던 제자들은
예수님이 십자가에 달리시자 두려워서 도망갔다.
그분을 잡아간 로마 병사,
제사장과 빌라도가 두려웠다.
죽음의 두려움, 그 고통 앞에서
우리는 한없이 약하고 부끄러운 제자들이었다.
그러나 얼마 뒤, 두려움에 떨었던 제자들이
부활하신 예수님을 만났다.

그리고 예수님이 약속하신 성령을 받았다.
부활을 목격하고, 그 약속을 기다린 자들에게
두려움은 용기가 되었다.
그제야 예수님이 하신 모든 말씀이
기억났고, 믿어졌다(요 2:22).

그들은 사랑이 무엇인지도 알았다.
이 사랑은 우리 인간에게는 없는 사랑이다.
인간의 말로는 어떻게도 표현할 수가 없다.
너무 깊어서 헤아릴 수 없고,
너무 넓어서 다가갈 수 없고,
너무 높아서 쳐다볼 수 없다.

사람들은 이 사랑을 잃어버리고 산다.
사랑이 답인데, 그 답을 잊은 채 살아간다.
인간은 사랑의 작은 모양도 흉내 낼 수 없다.
그래서 예수님이 우리에게 친히 보여주신다.
사람이 감당할 수 없는 그 사랑을.

가야 할 길을 가시고,

마셔야 할 잔을 마시시고,

자기를 판 자를 긍휼히 여기시고,

도망간 자를 기다리시고,

자기를 죽인 자를 용서하시고,

죽음을 두려워하지 않으시고,

우리의 마음 문을 날마다 두드리심으로.

오직 우리의 마음이 열리기만을

기다리고 소망하시는 분,

사랑하시되 끝까지 사랑하시는 분,

예수님.

세상에 있는

자기 사람들을 사랑하시되

끝까지 사랑하시니라

요 13:1

땅끝 교회

사랑하는 예수님,
"내 눈에 아무 증거 아니 뵈어도
믿음만을 가지고 늘 걸으면~"
이 찬송가 가사가 생각납니다.

온 열방에
예수 그리스도의 이름이 전해지기 위해
당신의 열심은 끝이 없습니다.
땅끝, 지구 구석구석 사람의 손이 닿지 않는
그곳까지도 당신의 손길이 넘칩니다.

당신의 손이 닿은 곳에는
당신의 사랑이 있습니다.
당신의 열정이 있고 구원이 있습니다.

그리고 당신의 몸 된
거룩한 성전이 있습니다.
나는 이 멀고 먼 땅에서
당신의 사랑과 구원을 경험합니다.

나는 내가 하는 줄 알았습니다.
내가 좀 잘하는 사람인 줄 알았습니다.
뭐든 잘할 수 있을 줄 알았습니다.

하지만 이제
내가 진짜 누구인지 알았습니다.
도마같이 의심 많고,
제자들처럼 두려움 많은 사람입니다.

나는 이곳에서
부활하신 예수님을 다시 만났습니다.
살려달라는 내 소리를 들으시고,
죽음을 이기신 예수님이
나를 찾아와 주셨습니다.

당신이 나를 보내시면
그곳이 어디든 갈 수 있습니다.
그곳에 이미 당신이 계시기 때문입니다.

누구를 보내주셔도
그 영혼을 끝까지 사랑하겠습니다.
그 사랑이 내게 있는 게 아니라
당신께 있기 때문입니다.

하나님께로 향하는
그 한 사람을 찾아다니겠습니다.
하지만 그 한 사람이 없어도
나는 당신을 예배할 것입니다.

지구 끝 같은 메마른 땅도 걸을 수 있습니다.
이미 믿음의 선배들이 걸어간 땅이기 때문입니다.
그래서 그 길은 우리에게 쉬운 길이 되었습니다.

이 땅의 주를 믿는 모든 사람이
'처음 교회'가 되게 해주십시오.

자기 사람들을 사랑하되 끝까지 사랑하는 교회,

한 사람을 위해 땅끝까지 복음을 전하는 교회,

메마른 땅을 걸어가도 피곤치 않은 교회,

간절한 소리가 끊이지 않는 교회,

죽음을 두려워하지 않는 교회,

부활의 생명을 전하는 교회,

예수님만 사랑하는 교회,

순교하는 교회.

그리고 땅끝에서 주님을 만나는 교회.

예수님,

당신은 영원한 하나님이십니다.

Part 4

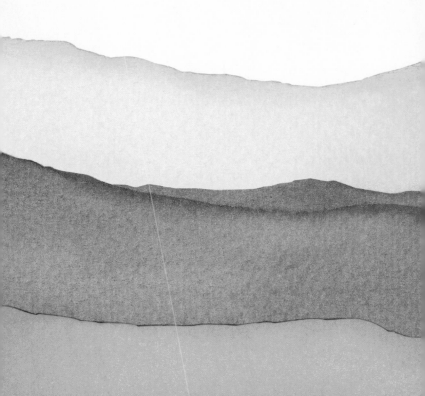

땅끝에서 기다리시는 주님

어미 새가 새끼 품듯이

예루살렘아 예루살렘아

선지자들을 죽이고

네게 파송된 자들을 돌로 치는 자여

암탉이 그 새끼를 날개 아래에 모음같이

내가 네 자녀를 모으려 한 일이 몇 번이더냐

그러나 너희가 원하지 아니하였도다

보라 너희 집이 황폐하여 버려진 바 되리라

마 23:37,38

가까이 오사 성을 보시고 우시며

눅 19:41

예수께서 예루살렘 성에 가까이 오셨다.

그리고 성을 보고 우두커니 서서 눈물을 흘리셨다.

그 눈물은 멈추지 않았다.
주변의 누구도 그분이 왜 우시는지 몰랐다.
묻는 자도 없었다.
예수님의 눈물을 처음 봤기 때문이었다.

'예수님도 눈물을 흘리시는가?'

모두가 의아해하며 어리둥절할 때
예수님이 말씀하셨다.

"예루살렘아, 예루살렘아!"

예수님의 얼굴에
깊은 내면에서 솟구치는
근심과 슬픔이 고스란히 나타났다.

"선지자들을 죽이고
네게 파송된 자들을 돌로 치는 자여."

하나님의 마음으로 하나님의 말씀을
대언하고 전파하는 사람, 그가 선지자다.
하나님은 모든 세대에 선지자들을 부르셨다.
다양한 곳에서 평범하게 살던 사람들을
당신이 직접 부르시고, 가르치시고,
그들에게 사명을 주셨다.
그들을 통해 이 땅에서 하나님의 말씀을 지켜내셨다.
선지자들은 목숨 걸고 하나님의 말씀을 대언했다.
죄 없이 옥에 갇히고, 수모를 겪고,
죽음에 직면하기도 했다.
오직 하나님의 말씀만 생명처럼 여기고
순종을 목숨처럼 여겼다.

그러나 실상 하나님과 상관없는
거짓 선지자들이 더 많았다.
레위인이 아닌 자가 제사장이 되고,
종교적 지위로 자신의 유익을 도모하는
수많은 가짜가 나타나기 시작했다.
그들은 진리를 듣기 싫어했고
기분 좋게 하는 축복의 소리만 하고 싶어 했다.

내가 가지 않으면 아무도 가지 않는다

그래서 진짜 선지자, 곧 하나님의 사람들을
죽이고, 가두고, 핍박하고, 돌로 치고,
뒤로 밀어내며 자기들의 왕국을 만들었다.
그러나 하나님은 세대를 넘어
진정한 선지자들을 끝없이 부르셨고
그들을 통해 당신의 말씀을 전하셨다.

예수님은 예루살렘을 향해
오랫동안 가슴에 품은 말씀을 전하신다.

"암탉이 그 새끼를 날개 아래에 모음같이
내가 네 자녀를 모으려 한 일이 몇 번이더냐?"

이 말씀에 이런 의문을 가질 수 있다.

"예수님이 고작 삼십 년을 사셨는데,
'내가 네 자녀를 모으려 한 일'이 몇 번이냐고?
예수님이 언제 그들의 자녀를 모으셨지?"

아니다. 이 말씀은 예수님 당신이
전능하신 하나님이심을 말씀하는 것이다.

구약의 하나님, 천지를 창조하신 그분이
사람으로 오셨고, 바로 예수님이시다.
하나님은 모든 세대를 통틀어
죽을 자리에 있는 인생들을,
어미 새가 새끼를 날개 아래 모으듯이
부르시고 모으시고 돌보셨다.
그래서 예수님이 우신 것이다.
고작 삼십 년 예루살렘을 지켜보신 게 아니라
창세 이후 모든 민족과 나라와
종족과 열방을 보며 우셨다.
배신하고, 불순종하고, 도망간 당신의 백성을
어미가 제 새끼를 날개 아래 고이고이 모으듯이
모으고 또 모으셨다.
그렇게 이 세대를 참고, 기다리고, 사랑하며
하나님의 역사를 이어오셨다.

"그러나 너희가 원하지 아니하였도다."

그런데도 그들은 돌아오지 않았다.

하나님을 원하지 않았다.

수천 년간 하나님께서 새끼를 품듯 품으셨지만,

세상을 좋아하여 세상과 친구하며

세상의 사랑을 갈구했다.

전능하신 하나님도 우리가 원하지 않으면

아무것도 하실 수 없다.

하나님을 원하지 않는 인생의 결말은

하나님만 아신다.

영원한 사망의 저주에 서 있게 될 그 마지막을.

그래서 새끼 품듯이

우리가 돌아오길 바라며 품으시는 것이다.

"보라 너희 집이 황폐하여 버려진 바 되리라."

하나님은 예루살렘 성전에 계시지 않는다.

하늘과 땅이 모두 그분의 집이다.

사람이 하나님의 집을 만들 수 없다.

그러나 사람들은 자신을 위해 성전을 지었고,

종교 지도자들은 성전을
자기 장사 터로 전락시키며 더럽혔다.
성전의 주인이 되어 욕심을 채우며 살아갔다.

겉으로는 하나님을 섬긴다면서
돈, 명예, 지위, 세상 문화와 욕심이
자리 잡은 성전에서 그것들과 연합했고,
그렇게 하나님의 교회는 점점 황폐해졌다.
성전을 강도의 소굴로 만드는 사람들,
성전에서 제사를 섬기는 이들을 포함해서
율법을 가르치는 이들마저도
진리를 버리고 말씀을 버린 지 오래였다.
그들은 보이지 않고 숨겨진
수많은 죄를 지니고 살면서도
여전히 입으로는 하나님을 부르는 세대였다.

오늘날 말씀이 육신 되신 예수님 없이
살아가는 사람들이 바로 그들이다.
이천 년 전이나 지금이나 같은 길을 걷고 있다.

내가 가지 않으면 아무도 가지 않는다

'하나님의 성전'이라고 부르는 그곳에
하나님이 계시지 않으면,
그런 교회는 사람이 주인이 된다.
아니, 원수가 주인 자리를 꿰찬다.

그런데도 하나님은 우리의 하나님이
되어주겠다고 약속하신다.
당신의 백성을 버리실 수 없기 때문이다.
하나님을 버리고 우상을 섬기며
세상의 온갖 더러운 것으로 성전을 더럽혀도,
여전히 우리를 긍휼히 여기시는
하나님의 사랑이 역사를 만들어 왔다.

너희 집은 황폐하리라

예수님이 이 땅에 다시 오실 때,
영원한 심판이 있을 것이다.
하나님이 이 땅의 인간에게 진노하시면
세 가지 방법을 쓰신다.
칼과 기근 그리고 염병이다.

주님께서 또 나에게 말씀하셨다.
"너는 이 백성에게 은총을 베풀어 달라고
나에게 기도하지 말아라.
그들이 금식을 하여도,
나는 그들의 호소를 들어주지 않겠다.
또 그들이 번제물과 곡식제물을 바쳐도,
나는 그것을 받지 않겠다.
나는 오히려 칼과 기근과 염병으로

내가 가지 않으면 아무도 가지 않는다

그들을 전멸시켜 버리겠다."

렘 14:11,12 새번역

에레미야와 에스겔을 통해
하나님께서는 이 세 재앙으로
백성에게 경고하시며 그들을 엄히 다루셨다.
이는 이방인이 아닌 이스라엘,
곧 하나님의 백성이 죄를 범하여
하나님을 떠날 때 준비하신 진노였다.
칼은 '전쟁', 기근은 '자연재해',
염병은 '전염병'을 의미한다.

먼저 칼, 곧 전쟁은 어떤 재앙일까?
이스라엘의 역사는 전쟁의 역사다.
전쟁은 싸울 준비를 할 수 있다.
아군이 적군보다 약하면 가서 협상하고,
적군보다 강하면 전략을 세워 전쟁에 임한다.
전쟁으로 나라가 흥하기도 하고, 망하기도 한다.
역사를 봐도, 모든 국가가
전쟁으로 살고, 전쟁으로 죽었다.

오늘날 이스라엘은 총을 들고, 무슬림은 칼을 들고,
러시아는 미사일을 들고, 북한은 핵을 들고 있다.
아직도 수많은 사람이 세상 물정 모르고
놀고먹고 마시며 흥청대는 이 시간에
지구 반대편에서는 전쟁의 공포와 두려움으로
수십만이 고향을 떠나 정처 없이 피난을 가고,
하루아침에 부모와 자식을 잃은 이들이
죽음의 고통을 안고 망연자실한 채 살아간다.
한가한 사람들은 이렇게 생각할 것이다.

'남 일이야. 나는 괜찮겠지.
우리는 안전하겠지.'

그러나 세상에 안전지대는 없다.
전쟁이 나면 누구도 안전할 수 없다.
나는 지금껏 아프가니스탄, 예멘, 시리아, 이라크,
레바논, 오만 등 중동의 모든 나라를 다녔다.
아프가니스탄에서는 눈앞에서
폭탄테러 현장을 목격했다.

내가 가지 않으면 아무도 가지 않는다

그날 아침, 차를 타고 일하러 가는 길에
대사관에서 문자를 한 통 받았다.
시내에 테러 첩보가 있으니
외출을 삼가라는 내용이었다.
나는 이미 거리로 나왔고 시내 한복판이었다.
순간, 내 차와 조금 떨어진 곳에서
'펑' 소리와 함께 시커먼 연기가 치솟았다.
나는 온몸이 마비된 듯 그 자리에 얼어붙었다.
잠시 후 간신히 정신을 가다듬고
차에서 내려 건물 안으로 대피했다.
여기저기서 사람들의 비명이 들려왔다.
불과 몇 초 후, 또다시 '펑' 소리가 나면서
더 시커먼 연기가 하늘로 치솟았고
현장은 아비규환이 되었다.
모든 게 탈레반의 소행이었다.

나중에 밝혀지기를,
시내에 있는 인도 대사관 앞에서
대사의 출근 시간을 노려
대사관 직원들의 차량을 향해

차량 폭탄이 돌진한 거였다.
혹 실패할 경우를 대비해서 준비된
두 대의 차량이 잇달아 돌진하며
두 번의 폭발이 있었던 거였다.
인도 대사관 근처에는 여자 중학교가 있었다.
그날 등교하던 수많은 여학생과
선생님이 참변을 당했다.

이 세대는 전쟁을 모른다.
나 역시 아프간에서 전쟁의 참상과 아픔을
아주 조금 경험했을 뿐이다.
전쟁은 사람을 죽이는 게 아니라 미래를 죽인다.
그러나 인간이 주께로 돌이키지 않는 한,
지구상에서 전쟁은 끊이지 않을 것이다.

다음은 기근, 곧 자연재해다.
땅이 진동하고 하늘의 문이 열리는
홍수나 태풍, 지진 등의 재해를 만나면 공포스럽다.
예상한다 한들 막을 수가 없다.
이로 인해 한 가정이 몰살되기도 하고

내가 가지 않으면 아무도 가지 않는다

마을과 도시 전체가 사라지기도 한다.

전 세계는 자연재해 앞에 속수무책이 된다.

더구나 오랜 시간 후유증에 시달린다.

누구도 자연의 힘 앞에 맞설 자가 없다.

이 재해를 맞닥뜨리면

자연을 운행하시는 하나님의 주권 앞에

무릎을 꿇을 수밖에 없다.

실로 두렵고 떨리는 재앙이다.

마지막으로 염병.

전염병은 인간이 가장 두려워하는 재앙이자,

제일 무서운 재앙이다.

우리 힘으로는 예방도 사전 준비도 할 수 없다.

한 번 퍼지면 누가 감염될지,

언제 끝날지도 알 수 없다.

남녀노소, 지위 고하를 막론하고

모든 사람에게 순식간에 퍼져 나간다.

전염병 하나로 모든 일상이 마비되고

사회가 휘청이며 경제가 무너지고

공동체가 뿔뿔이 흩어진다.

수많은 사람이 죽음을 피하지 못한다.
하늘길이 막히고 땅의 문이 닫힌다.
사회의 모든 구조와 시스템이 바뀌고
새로운 문화가 생긴다.
사람들은 모이기보다 흩어져야 한다.

역사 이래, 전염병으로 인해
전 세계 수백만이 피해를 보았고
많은 사람이 목숨을 잃었다.
코로나가 그 대표적인 전염병이었다.
이 바이러스 앞에서 너나 할 것 없이
쓰러졌고 전 세계가 무너졌다.
비참하리만큼 나약한 인간의 실체가 드러났다.

하지만 여전히 우리는 하나님 앞에서 의기양양하다.
하나님의 주권보다 과학을 믿고,
치료제에 의존하기 때문이다.
귀가 있고 눈이 있는데도
주를 못 보고 그분의 음성을 듣질 못한다.
이미 마음이 굳어버렸기 때문이다.

　　　　　　내가 가지 않으면 아무도 가지 않는다

이 시대는 전쟁과 자연재해와 전염병,

세 재앙이 한꺼번에 공존한다.

전쟁의 소식과 재난의 아픔과 전염병의 위협에 관한

안타까운 뉴스가 때마다 보도된다.

그런데도 우리는 이 시대의 현주소를 모른다.

하나님의 성전, 곧 교회가 부패할 대로 부패했고

그 안에서 예배드리는 자들이

불법과 불의를 자행하는 지금,

우리는 깨어 있어야 한다.

보라 너희 집이 황폐하여

버려진 바 되리라

마 23:38

"너희 집"은 '성전'을 가리킨다.

하나님의 성전에 하나님이 계시지 않으면

그곳을 더 이상 성전이라 부르지 않는다.

그냥 "너희 집"이다.

하나님이 거하시지 않는 모든 곳,

거룩함을 잃어버린 교회와 성전은 황폐해진다.

이 땅의 교회는 어떤가?

부흥하고 있는가, 황폐하고 있는가?

성전, 곧 지금의 교회는 점점 황폐해지고 있다.

건물은 예루살렘 성처럼 화려하지만,

그 속에는 메마름과 황폐함뿐이다.

어린아이는 찾아보기 힘들고, 청년은 고갈되었다.

교회 수는 줄고, 하나님께 헌신하는 사람도

찾기 힘들다.

예배는 형식과 의식만 남았고,

성도는 불의와 거짓을 품은 채 교회로 들어온다.

대형 교회는 주인 자리를 주님께 내드리지 않고

자기 자녀에게 주고 싶어 하며,

돈의 유혹 앞에 최소한의 양심도 묻지 않고

하나님의 물질을 어둠의 물질로 만들어

자기 배를 채우고 있다.

자연히 세상은 더 이상 교회를

성스러운 장소로 생각하지 않는다.

이제는 교회에서 죄를 말하는 것이 불편해졌다.

모든 사람이 그 죄에서
벗어날 수 없는 지경에 이르렀기 때문이다.
그런데도 사람만 많이 모이면
'성공한 교회'라고들 한다.
하지만 언젠가 물거품처럼
한순간에 사라질까 두렵다.
교회에 하나님이 안 계시면
그곳은 더 이상 교회가 아니기 때문이다.

예수님이 우셨다.
그분의 몸인 거룩한 성전이
황폐해질 것을 아셨기에,
그 미래를 아셨기에 눈물을 흘리셨다.

그러나 너희가 원하지 아니하였도다

마 23:37

부탄의 구석진 땅에서 만난 처음 교회는
하나님의 성전이었다.
여기서 말하는 성전은 '건물'이 아니다.

성령을 모시고 사는 사람들,
저 깊고 깊은 산에서 만난 예수님이 좋아서
매 주일 교회로 모이는 사람들,
그들이 곧 살아있는 하나님의 성전이었다.

동시에 이 땅에는 산당과 우상의 사찰도 가득하다.
사람들은 그곳에서 절하고 제사하며 신을 숭배한다.
그 산당이나 이천 년 전 예루살렘 성이나
다를 게 없다.

하나님이 계시지 않는 곳은
어디든 사단의 굴이다.

내가 가지 않으면 아무도 가지 않는다

땅끝에서 주님을 뵈오리

오래전 아프간에 있을 때,
전쟁 국가로 분류된 예멘을 방문한 적이 있다.
그곳은 오랫동안 현지 사역자와
네트워크를 형성하고
무슬림 사역에 관한 정보와 전략을
함께 준비하며 기도하던 나라 중 하나였다.

나는 예멘에서 두 중국 선교사를 만났다.
그들은 자매였는데, 전문인 사역을 하고 있었다.
당시 나는 중국 선교사에게 관심이 많았다.
그 배경을 설명하자면 이렇다.

비슷한 시기에 아프간에 들어온
중국 선교사 중 세 명이 우리 집에서 몇 달간 지냈다.

함께 사는 동안 그들은 중국교회와
그들의 선교 사역에 관해 들려주었다.
중국 기독교에 관한 정보가 많이 없던 터라
그들을 통해 중국에서 일어나고 있는
수많은 기독교 상황을 들을 수 있었다.

평소 중국 선교사에게 관심이 많았고
그들이 어떻게, 어떤 동기로
선교 사역을 하는지 늘 궁금했기에,
나는 예멘에서 만난
중국 선교사와도 반갑게 교제했다.
때마침 중국의 선교지도자 두 분이
예멘에 방문한다는 소식이 들려왔다.
중국에서 파송한 선교사들을 돌아보고
격려하는 차원의 방문이었다.

나는 그들을 만나고 싶은 마음이 간절했기에
현지 중국 선교사들에게 부탁해서
함께 만남의 시간을 갖게 되었다.
다행히 우리 일행 중에 중국어를 구사하는

내가 가지 않으면 아무도 가지 않는다

지체가 있어서 대화에 큰 어려움은 없었다.

우리는 함께 점심 식사를 하고

간단히 예배를 드렸다.

두 중국 선교사와 두 중국 선교지도자,

그리고 우리 한국 선교사 몇 명은

서로 다른 언어로 뜨겁게 예배하며 기도했다.

두 선교지도자는 내가 아프간에서 왔다는

이야기를 듣고, 2007년 한국 단기 선교팀의

탈레반 피랍 사건에 관해 물었다.

그러면서 당시 중국 내 기독교 지도자들은

이 사건을 주님이 우리에게 주시는

'앞으로 무슬림 선교가 더욱 어려워질 거라는

특별한 메시지'임을 확신하고,

무슬림 선교를 위해 기도하는 시간을 가졌다고 했다.

나는 중국의 지하교회가 매우 궁금했기에

중국 선교사들의 현황과 교육,

파송 관련 정보를 물었다

(보안과 직결되는 사항이라 이곳에 기록할 수는 없다).

짧은 시간이었지만,
같은 부르심 안에서 같은 곳을 바라보며
무슬림 선교를 효과적으로 할 방안을 논의하고,
깊은 간증과 정보를 나누며
귀한 교제의 시간을 가졌다.

헤어질 때가 되자
우리는 서로 기도 제목을 나누었다.
두 중국 선교지도자가 말했다.

"우리에게는 한 가지 기도 제목만 있습니다.
그것은 중국의 지하교회가
지상으로 올라오지 않는 것입니다."

처음엔 잘못 들은 줄 알고 다시 물었다.
그러자 그들은 확신에 찬 표정으로 다시 말했다.

"우리는 한 가지만 기도하고 있습니다.
예수님이 약속대로 이 땅에 다시 오실 때까지
중국의 지하교회가 지금의 상태로

내가 가지 않으면 아무도 가지 않는다

고난과 핍박을 이겨내며 사는 것입니다.

우리는 전 세계 교회사를 이미 알고 있습니다.

초기에는 유럽과 아메리카의 부흥을 통해

온 땅에 복음이 전해졌습니다.

그들은 목숨을 걸고 아프리카와 남미, 아시아 등

가장 어렵고 힘든 땅에 복음을 전했습니다.

모든 교회가 선교에 동참하며 부흥을 경험했고

모든 나라가 그리스도를 예배하며 찬양했지요.

그러나 지금은 그 교회들이

술집과 무슬림 성전으로 바뀌었습니다.

그들은 더 이상 하나님을 찾지 않아요.

교회가 배부르기 시작하면서

처음 마음과 복음을 잃었기 때문입니다.

세상의 정신과 가치관에 물들어

세상 방법대로 행하며 간절함을 잃었습니다.

자본주의에 잠식당해

하나님 대신 돈을 섬기게 되었지요.

예수님이 아닌 사람이 왕이 되고 말았습니다.

우리는 한국교회사도 잘 알고 있습니다.
한국은 외부의 침략과 가난의 역사 속에
오직 하나님만이 희망이요, 전부요,
미래였던 때가 있었습니다.
그러나 경제가 부흥하면서
하나님을 떠나 점차 타락하기 시작했습니다.
만약 중국 지하교회가 지상으로 올라와서
유럽이나 미국 그리고 한국교회처럼 된다면
십 년 안에 무너질 겁니다.

중국의 많은 지하교회에서
젊은이들이 선교사로 헌신하고 있습니다.
변변한 신학교도, 좋은 선교사 훈련프로그램도,
재정적 후원도 없지만,
그들에게는 그리스도를 향한 순전한 마음이 있어요.
그들은 고난과 핍박 가운데서도
지켜내야 할 복음의 가치를 알기에
지구상의 가장 힘들고 어렵고 위험한 나라에서도
최전방 선교사로 살 수 있습니다.

내가 가지 않으면 아무도 가지 않는다

중국 정부가 계속 공산 사상으로
나라를 다스리기를 바랄 뿐입니다.
그래야 하나님이 중국의 지하교회를 쓰실 겁니다.
중국 지하교회가 핍박과 순교를 감당하는
마지막 교회이기를 바랍니다.
우리는 땅끝으로 가기를 마다하지 않을 것이고,
그곳에서 주님을 뵐 것입니다."

두 지도자의 눈에는 불꽃이 튀었다.
그들의 고백은 살아 있었다.

'땅끝, 그곳에서 주님을 뵙는다….'

나는 한동안 멍하게 있었다.

십 년이 훨씬 지났는데도
그때 중국 선교지도자들이 한 말이
마음에 생생히 새겨져 있다.

중국교회는 우리와 다르다.

그들은 이미 땅끝에서 주님 뵙기를 바라며
오늘을 살고 있고,
그들이 살고 있는 곳이 바로 땅끝이다.
또한 땅끝이 어디든 즐거이 갈 준비가 되어 있다.
하나님께서 가라시는 곳을 향해
과격한 삶을 선택할 만반의 준비.
이제 갓 이십 대 초반인 중국 선교사들은
예수님이 다시 오실 때까지
사막의 잡초처럼 살아가길 바라고 있었다.
핍박도, 고난도, 죽음도 두려워하지 않았다.
어떻게 저 나이에 저럴 수 있을까 싶었다.

땅끝에 사는 사람들은 다르다.
땅이 다른 게 아니라 마음이 다르다.
자기가 있어야 할 곳이 어딘지 알며,
그곳에서 무엇을 해야 할지도 안다.
세상은 그들을 십자가에 못 박았고,
그들도 세상을 십자가에 못 박았다.

내가 가지 않으면 아무도 가지 않는다

땅끝에 사는 사람들은 다르다.

사람의 영광을 취하거나

사람을 기쁘게 하려고 살지 않는다.

오직 하나님의 영광을 위해 살 뿐이다.

그들은 예수님이 누구신지 안다.

우리의 주인이신 예수님을 만나고 싶어 하며,

머리가 아닌 마음으로 그분을 사랑한다.

그들은 자신의 이름보다

예수님의 이름이 높아지기를 원한다.

자기는 죽고, 예수님만 사는 사람들.

주님의 부활을 마음으로 믿고

그 영원한 생명의 부활을 소망하며

그 길로 달려가고 싶은 사람들이다.

그들은 땅끝에서 주님을 만나고 있다.

나는 생각했다.

'하나님께서 중국교회를 쓰시겠구나.'

하나님이 계시는 우리 집

땅끝에 사는 사람들은
이런 집에 사는 사람들이다.

우리 집에서 예배드리는 사람들은
악기에 의존하지 않는다.
좋은 시스템과 거리가 멀다.
목소리가 좋다고
예배를 인도할 자격이 주어지지 않는다.
세상 음악을 따라 예배하지도 않는다.
화려한 조명도 필요 없고,
얼마나 많은 사람이 모이는지도 관심 없다.
오직 주님을 향한 '간절함'이 있는
사람들이 모여서 예배한다.

우리 집에 사는 사람들은
학력이나 외모를 보지 않는다.
세상이 요구하는 스펙 같은 건 존재하지도 않는다.
나이나 성별도 중요하지 않다.
우리 집에는 이 세상에서 예수님을
제일 사랑하는 사람만이 살 수 있다.
예수님 때문에 오늘이 마지막인 것처럼
살아가는 사람들의 모임이다.

우리 집에 사는 사람들은
세상이 붙여준 직위나 직분으로 불리는 걸
좋아하지 않는다.
거기에 안정감을 두지 않기 때문이다.
우리 집은 '나 자신'이 아닌
'하나님'을 예배하는 곳이다.
지식이나 기술을 가르치는 곳도 아니고,
사역을 잘하기 위해 거처 가는 곳은 더더욱 아니다.

우리 집에 사는 사람들은
하나님이 말씀하시면

언제든 떠날 준비가 되어 있다.
하지만 이곳에 머물러 있을 때도
떠나는 사람만큼이나
비장하고 떨리는 마음을 유지하고 있다.

우리 집에 사는 사람들은
나보다 남을 먼저 생각한다.
남을 위해 먼저 기도하며
남을 먹이면서 배부름을 느낀다.
내 아픔보다 남의 아픔에 더 많은 눈물을 흘린다.
잃어버린 영혼에 대한 아픔 때문에
밤잠을 설치는 게 하루 이틀이 아니다.
매끼를 주시는 하나님께 감사하면서도,
하루 한 끼도 먹지 못하는 누군가를 위해
기도하고 아파하며 그들을 잊지 않는다.

우리 집에 사는 사람들은
주머니가 비어도 불안해하지 않는다.
오늘 저녁에 먹을 게 없어도 걱정하지 않는다.
남들처럼 좋은 것을 가지지 못해도

부러워하지 않는다.
세상의 가치를 가지고는
우리 집에서 오래 살지 못한다.
우리 집은 오직 예수님 한 분 때문에
사는 사람들이 모인 곳이니까.

우리 집에 사는 사람들은
위기를 피해 가지 않는다.
변명하거나 핑계 대거나
누구에게 책임을 묻지도 않는다.
오직 주께 엎드릴 뿐이다.
그래서 꿈을 잃어버리지 않는다.
우리의 꿈은 모든 나라가
하나님을 노래하는 걸 보는 것이다.
우리는 꿈꾼다.
어디서 어떻게 살았는지 모르는 사람들이
함께 모여 주님을 노래하는 꿈을.
우리는 이 하나님의 꿈을 이루기 위해
드려진 사람들이다.
이런 사람들이 우리 집에 산다.

우리 집은 주님이 계신 곳이다.

이곳은 주님이 당신의 몸으로 이루신 곳이다.

무너질 일도 깨어질 일도 없다.

태풍이 불고, 지진이 나고,

하늘에서 불꽃이 떨어져도 문제없다.

우리 집은 초라하다.

겉에서 보기에 흠모할 만한 것이 없다.

낡은 기둥과 빛바랜 벽지, 좁디좁은 방과 거실.

세상 사람들이 좋아하는

화려한 장신구나 가구도 없다.

크고 멋있는 차도, 아름다운 옷도 없다.

조명도 물건도 다 오래되고 허름하다.

하지만 우리 집엔 세상 사람에게 없는 것이 있다.

우리 집에 살면

때로는 가야 할 길이 멀어 보일 때가 있다.

천장에 구멍이 생겨 비가 샐 때도 있다.

음식이 모자랄 때도, 배고픔을 느낄 때도 있다.

우리 집은 물질이 풍성한 사람들이 아니라

마음이 풍성한 사람들이 살고 있기 때문이다.

우리 집에 사는 사람들은 따뜻하다.
따뜻한 말을 해서 그렇다.
아픈 누군가를 위로할 줄 알고,
그 아픔을 함께 짊어질 줄 안다.
곁에 있는 사람이 울 때 같이 울고
웃을 때 같이 웃을 줄 안다.
상처를 이해하고 함께 아파할 줄 안다.
또한 겸손을 귀하게 여기는 사람들이라
말하기보다 먼저 들을 줄 안다.

우리 집 사람들은 거룩함을 생명처럼 여긴다.
형제자매가 함께 예배하고 사람들을 섬길 때
언제나 거룩함으로 서로를 배려한다.
상대를 존경하고 존귀히 여김이 몸에 배어 있다.
나이가 적다고 함부로 대하지 않고
높은 사람이라고 아부하지 않는다.
십 원짜리 동전 하나도
하나님을 경외함으로 사용한다.

마땅히 써야 할 재정도, 다시금 기도하며 지출한다.
재물 섬기는 죄를 범하지 않으려고
가진 것을 이웃과 나누기를 게을리하지 않는다.
나의 필요보다 남의 필요를 더 많이 생각한다.

우리 집 사람들은 희생을 두려워하지 않는다.
먼저 섬기는 것이 행복한 사람들이다.
사람의 부탁을 마음으로 듣고 응하면서도
거절의 품위 또한 지킬 줄 안다.
늘 손님처럼 굴지 않고, 주인처럼 대접할 줄 안다.

우리 집 사람들은 하나님을 두려워한다.
먼저 주님 앞에 나아가 관계하고,
그 후에 사람과 관계한다.
아무거나 보고 듣지 않는다.
불의에 눈 감지 않으며 타협에 귀 기울이지 않는다.

우리 집에 사는 모든 사람은
'헌신'이라는 옷을 입고 있다.
그것은 세상이 주는 옷과 다르다.

내가 가지 않으면 아무도 가지 않는다

허름해 보이지만

그 안에 그리스도의 생명이 숨 쉬고 있다.

이 옷을 입은 사람은

땀 흘리는 걸 마다하지 않으며

'노력'이라는 수고의 땀이 항상 맺혀 있다.

우리 주님도 이 옷을 입으셨다.

세상이 줄 수 없는 생명이 우리 집에 숨 쉬고 있다.

우리 집에 사는 사람들은

복음 전하는 것을 기쁨과 영광으로 여긴다.

복음을 위해 떠나는 것을 두려워하지 않고

복음을 증거하는 일에 제일 먼저 움직인다.

복음을 알기 위해 말씀 앞에 머물기를 좋아하며

오직 말씀을 생명처럼 여기고

말씀을 따라 살기 위해 매일 몸부림친다.

우리 집은 오직 예수님만 사랑한다.

이 땅에 이런 집이 많았으면 좋겠다.

우리 집에는 다른 집에 없는 특별한 것이 있다.

이것이 우리의 고백이다.

우리의 부르심은 '잃어버린 영혼'이다.
우리가 서야 할 곳도 '잃어버린 영혼'이다.
우리가 뛰어가야 할 곳도 '잃어버린 영혼'이다.
우리가 봐야 할 것도 '잃어버린 영혼'이다.
우리가 소리쳐야 할 것도 '잃어버린 영혼'이다.
우리가 기도해야 할 것도 '잃어버린 영혼'이다.

우리가 저들을 잃으면, 원수가 데려갈 것이다.
우리가 저들을 보지 못하면,
원수가 그 땅을 장악할 것이다.
우리가 저들을 위해 외치지 않으면,
원수가 노래 부를 것이다.
이 부르심을 잃으면,
우리는 서서히 힘을 잃고 죽어갈 것이다.

우리 집에 사는 사람들은
남이 가지 않는 곳에 가고,
남이 하지 않는 일을 한다.
배고픔을 마다하지 않고 오로지 열방을 위해
목이 터져라 외치는 사람들이다.

내가 가지 않으면 아무도 가지 않는다

편안함과 안정감에 안주하고 싶다면
우리 집에 살 수 없다.
우리 집은 그런 집이 아니다.
세상의 명예나 물질이나 자기 의를 위해 사는 사람,
세상의 존경과 인정을 한 몸에 받는 사람이
모여 사는 곳이 절대 아니다.

우리 집은 열방의 잃어버린 영혼들 때문에
'언제쯤 하나님이 나를 선교지로 보내실까'
고민하며 기도하는 사람,
열방의 소리를 제일 먼저 듣기 위해
모여든 사람들의 집이다.
가난하고 소외된 자들을 위해
기꺼이 가난을 선택한 사람들의 집이다.
풍부함보다 소박함을,
화려함보다 검소함을 택한 사람들이
사는 집이라 세간살이가 별로 없다.
콩 한 쪽도 나눠 먹는 것이 습관인 사람,
남의 아픔을 내 아픔처럼 느낄 줄 아는 사람,
하나님이 말씀하시는 대로 살기 위해

애쓰는 사람들이 우리 집으로 모여든다.
우리 집은 열방을 위해 예배하는 집이다.
그래서 다른 집과는 다르게
참 특별하다.

혹시 우리가 사는 집이 궁금하다면,
집주인의 말을 들어보라.

우리 집의 주인은 '예수님'이시다.
예수님이 우리 집을 만드셨다.
우리 집의 주소는 '땅끝'이다.
이곳에서 우리는 매일 예수님을 만난다.

내가 가지 않으면 아무도 가지 않는다

그들의 땅에서
나를 데려가소서

이 글을 세상에 있는
모든 '우리 집'에 보냅니다.

내가 세상을 떠나야 할 시간을
알았으면 좋겠습니다.
그 시간을 준비하고 사모하며
기다리고 싶어서입니다.

이 세상에서 썩어질 육체를 위해
먹고 마시며 살았던 시간이 떠오릅니다.
무엇을 먹을까, 무엇을 입을까,
언젠가 한 줌의 신기루처럼 없어질 것을 위해

살아온 시간이 있었습니다.

그러나 이제는 더 이상

내 육체의 소욕을 따라 살지 않기로 합니다.

있는 대로 입고, 주시는 대로 먹고,

이끄시는 대로 짐을 싸고,

말씀하시는 대로 순종하려 합니다.

내 영혼이 주를 위해 살다가

주를 위해 죽을 수 있으면 좋겠습니다.

온 열방 어느 민족에게

복음이 필요하고 증인이 필요하다면,

나는 마다하지 않고 가겠습니다.

그들을 위해 아름다운 순교의 피가 필요하다면,

나는 뒷줄에 서지 않겠습니다.

그들을 위해 단 한 사람이 필요하다면,

주님 눈에 제일 잘 보이는 곳에 서겠습니다.

눈을 감지도, 뒤를 돌아보지도 않겠습니다.

주님이 나를 보실 때, 고개를 돌리지도 않겠습니다.

맨 앞줄에 간절함으로 서겠습니다.

마음에 거짓이 없는 순결한 신부가 되어

주님께 나를 드리고 싶습니다.
주께서 나를 위해 부활의 첫 열매가 되셨으니
나도 그분과 부활의 기쁨을 누리고 싶습니다.

죽음이 두려웠던 때가 있었습니다.
아니, 지금도 죽음은 나를 두렵게 합니다.
그러나 누구도 죽음을 피할 수는 없습니다.
언제, 어디서, 어떻게 죽느냐가 다를 뿐입니다.
사람은 늙어서 죽습니다.
그렇지 않으면 병에 걸려 죽습니다.
혹은 불의의 사고로 죽습니다.
어느 날 갑자기 심장마비로 죽거나
전쟁에 나가서 죽기도 하고
스스로 목숨을 끊기도 합니다.
세상의 밑바닥에서 들판의 풀이나
잡초처럼 살아온 사람도,
세상 부귀영화를 다 누리며 살던
온실의 화초 같은 사람도
다 마르고 시들어 버립니다.

영원할 것 같지만 결국 잡초처럼 시드는 인생,
이것이 우리의 끝입니다.

  말하는 자의 소리여 이르되 외치라

  대답하되 내가 무엇이라 외치리이까 하니

  이르되 모든 육체는 풀이요

  그의 모든 아름다움은 들의 꽃과 같으니

  풀은 마르고 꽃이 시듦은

  여호와의 기운이 그 위에 붊이라

  이 백성은 실로 풀이로다

  풀은 마르고 꽃은 시드나

  우리 하나님의 말씀은 영원히 서리라 하라

  사 40:6-8

죽음은 육체를 고통스럽게 합니다.
그 고통 앞에 많은 사람이 쓰러집니다.
우리는 시들고 말라버리는 인생을 이길 수 없습니다.
예상할 수도, 대비할 수도 없습니다.
만일 그 죽음이 우리 삶의 끝이라면
우리에겐 소망이 없겠지요.

그러나 그 고통과 사망을 겪으시고
죽음을 이기신 분, 영원한 죽음의 고통에서
우리를 해방하신 분이 예수님이십니다.

바울은 그 예수님을 만났고,
그분과 함께 죽음 너머에 있는
기쁨의 자리에 빨리 가고 싶었습니다.
마르고 시들어 영원히 썩고 마는 육체가 아닌,
영원히 썩지 않는 예수님의 부활에
참여하고 싶었습니다.
그 자리에 빨리 앉고 싶었습니다.
늘 그 부활을 꿈꾸며
이 땅에서 복음의 길을 걸었습니다.
그래서 바울은 이 험난한 길을
마다하지 않았습니다.

그들이 그리스도의 일꾼이냐
정신없는 말을 하거니와 나는 더욱 그러하도다
내가 수고를 넘치도록 하고
옥에 갇히기도 더 많이 하고

매도 수없이 맞고 여러 번 죽을 뻔하였으니

유대인들에게 사십에서 하나 감한 매를

다섯 번 맞았으며 세 번 태장으로 맞고

한 번 돌로 맞고 세 번 파선하고

일 주야를 깊은 바다에서 지냈으며

여러 번 여행하면서 강의 위험과 강도의 위험과

동족의 위험과 이방인의 위험과

시내의 위험과 광야의 위험과 바다의 위험과

거짓 형제 중의 위험을 당하고

또 수고하며 애쓰고 여러 번 자지 못하고

주리며 목마르고 여러 번 굶고 춥고 헐벗었노라

고후 11:23-27

그 길은 세상의 부귀영화를 준다고
갈 수 있는 길이 아닙니다.
바울은 옥에 갇히고, 매를 맞고, 돌로 맞고,
"강의 위험과 강도의 위험과 동족의 위험과
이방인의 위험과 시내의 위험과
광야의 위험과 바다의 위험과
거짓 형제 중의 위험"을 겪었고,

"수고하며 애쓰고 여러 번 자지 못하고
주리며 목마르고 여러 번 굶고 춥고 헐벗었"습니다.
어떻게 이런 삶을 살 수 있었을까요?

십자가 처형이 두려워 도망갔던 열한 명의 제자는
부활하신 예수님을 만나고 성령이 임하시자
땅끝까지 복음을 전하기 위해
자기 몸을 불살랐습니다.
그들 역시 매 맞고, 옥에 갇히고,
수많은 위험을 무릅쓰며
하나님이 허락하신 그 복음의 길을 걸어갔습니다.

나는 그들과 비교할 수 없습니다.
한낱 작디작은 벌레와 같습니다.
하지만 하나님이 우리에게 주실
부활의 축복과 영원한 상급을 기대합니다.
나는 주님을 만나고 싶습니다.
주님이 계신 그곳에 빨리 가고 싶습니다.
이 땅에 한 치의 미련도, 기대도 없습니다.

다만 주를 모르는 열방의 사랑하는 사람들이
보고 싶을 뿐입니다.
그들을 만나 함께 살면서, 그들의 땅에서
나를 데려가신다면 얼마나 좋을까요!
내 생명을 그들에게 주실 예수님의 생명과
바꿀 수 있다면 얼마나 좋을까요!
내게 생명을 주신 분이,
내가 사랑하는 사람들에게
그 생명을 주신다면 얼마나 좋을까요!

사랑하는 그 영혼들을 생각하니 눈물이 납니다.
어둡고 힘든 땅에서 만난,
갈 곳 없어 하루하루를 힘겹게 살던 사람들.
전쟁과 죽음의 그늘을 벗어나지 못해
매일 밤 두려움에 떨던 사람들.
새벽이면 자전거에 무언가를 무겁게 싣고
어디론가 향하던 사람들.
그 새벽에 내 방문을 두드리며
다 닳아서 떨어진 공을 들고
나를 보고 웃던 아이들.

해진 신발을 신고,
가방인지 헝겊 주머니인지 알 수 없는 걸 메고
마냥 신나서 학교에 가던 아이들.
그들은 하루 일거리를 찾아 길에 나와서
지나가는 차를 보며 혹시 자신을 부르진 않을까,
간절한 눈빛으로 도움을 청합니다.
눈 내리는 추운 아침에 차가운 입김을 뱉으며
온몸을 담요로 칭칭 감고 먹고살기 위해
또 하루를 시작합니다.

이들을 다시 볼 수 있을까요?
이들에게 예수님의 생명을 전해줄 수 있을까요?

탈레반이 아프간 정부를 장악하고 나서는
하늘길이 막히고 땅의 문이 닫혔습니다.
땀 흘리며 긴장하고 수고했던 땅,
죽음이 늘 코앞에 있던 땅,
사랑하지만 힘들고 버거웠던 땅,
늘 보따리를 싸고 풀고
울고 웃으며 시간을 보냈던 땅.

이제 그 땅은 너무 멀리 있습니다.
내가 받은 예수 생명을 전해주고 싶은데….
한 영혼이라도 주님을 만날 수 있다면….
아프간은 늘 마음 깊은 곳에 남아 있습니다.

내 자녀들이 내가 걸어간 길을 걷겠다고 하면,
나는 그 길을 축복하렵니다.
그들이 예수 생명 전하는 길을 가겠다고 하면,
더 이상 바랄 것이 없겠습니다.
생명을 주실 수 있는 분은 오직 한 분이십니다.
그분은 당신께 나아오는 모든 자에게
값없이 그 생명을 주겠다고 약속하셨습니다.

영원한 생명을 얻기 위해
썩어질 육체를 버려야 한다면,
무엇을 망설일까요!
다시 한번 내게 기회를 주신다면,
나는 그 땅의 썩어질 밀알이 되겠습니다.
죽어야 열매 맺는 하늘나라의 비밀이
곧 나타날 것입니다.

외치는 자의 소리여 이르되

너희는 광야에서 여호와의 길을 예비하라

사막에서 우리 하나님의 대로를 평탄하게 하라

골짜기마다 돋우어지며 산마다, 언덕마다 낮아지며

고르지 아니한 곳이 평탄하게 되며

험한 곳이 평지가 될 것이요

여호와의 영광이 나타나고

모든 육체가 그것을 함께 보리라

이는 여호와의 입이 말씀하셨느니라

사 40:3-5

하나님이 사람이 되어 이 땅에 오셨습니다.
예수님은 성경의 약속대로 이 땅에 오셔서
당신의 영광을 우리에게 보여주셨습니다.

처절한 고통을 마다하지 않고
십자가의 죽음을 통과하시며
희생제물이 되셨습니다.
그 거룩한 피로 우리의 죗값을
다 치르고 용서하셨습니다.

그로 인해 태어나면서부터
세포 구석구석, 뼛속 깊숙이
덕지덕지 붙어 있던 영원한 죄와
우리의 죄 된 몸이 단번에 죽었습니다.
죄에 종노릇하던 인생이 자유를 얻었습니다.

세상이 좋아 그 안에 살면서
우리의 영혼을 갉아먹었던 그 죄가
더 이상 우리를 이길 수 없게 된 것입니다.
죄가 우리 안에 머물 수 없게 되었지요.

예수님은 성경의 약속대로
죽음에서 살아나셨습니다.
그분은 부활하심으로 우리를 묶고 있던
영원한 사망의 사슬을 끊으셨습니다.
그래서 사망이 우리를 이길 수 없습니다.
그것이 새 생명입니다.

바울이 말했습니다.

네가 만일 네 입으로 예수를 주로 시인하며
또 하나님께서 그를 죽은 자 가운데서 살리신 것을
네 마음에 믿으면 구원을 받으리라
사람이 마음으로 믿어 의에 이르고
입으로 시인하여 구원에 이르느니라
롬 10:9,10

"네 마음에 믿으면 구원을 받으리라."

우리의 마음이 항상
주님께 있었으면 좋겠습니다.

내가 가지 않으면 아무도 가지 않는다

초판 1쇄 발행	2024년 12월 23일
지은이	이시온

펴낸이	여진구		
책임편집	김아진 정아혜		
편집	이영주 박소영 최현수 구주은 안수경 김도연		
책임디자인	조은혜 정은혜 | 마영애 노지현		
홍보·외서	진효지		
마케팅	김상순 강성민	**마케팅지원**	최영배 정나영
제작	조영석 허병용	**경영지원**	김혜경 김경희

303비전성경암송학교 유니게 과정
이슬비전도학교 / 303비전성경암송학교 / 303비전꿈나무장학회

펴낸곳 규장

주소 06770 서울시 서초구 매헌로 16길 20(양재2동) 규장선교센터
전화 02)578-0003 **팩스** 02)578-7332
이메일 kyujang0691@gmail.com
페이스북 facebook.com/kyujangbook
카카오스토리 story.kakao.com/kyujangbook
등록일 1978.8.14. 제1-22

홈페이지 www.kyujang.com
인스타그램 instagram.com/kyujang_com

책값 뒤표지에 있습니다.
ISBN 979-11-6504-586-9 03230

규 | 장 | 수 | 칙

1. 기도로 기획하고 기도로 제작한다.
2. 오직 그리스도의 성품을 사모하는 독자가 원하고 필요로 하는 책만을 출판한다.
3. 한 활자 한 문장에 온 정성을 쏟는다.
4. 성실과 정확을 생명으로 삼고 일한다.
5. 긍정적이며 적극적인 신앙과 신행일치에의 안내자의 사명을 다한다.
6. 충고와 조언을 항상 감사로 경청한다.
7. 지상목표는 문서선교에 있다.

하나님을 사랑하는 자 곧 그의 뜻대로 부르심을 입은 자들에게는 모든 것이 合力하여 善을 이루느니라(롬 8:28)

규장은 문서를 통해 복음전파와 신앙교육에 주력하는 국제적 출판사들의 협의체인 복음주의출판협회(E.C.P.A:Evangelical Christian Publishers Association)의 출판정신에 동참하는 회원(Associate Member)입니다.